Olga Swerlowa

Grammatik & Konversation 1

Arbeitsblätter für den Deutschunterricht
für die Niveaustufen A1, A2, B1

Klett-Langenscheidt

München

Umschlaggestaltung, Innenseitenlayout und DTP-Produktion: Kommunikation + Design, München

Redaktion: Sabine Wenkums

Illustrationen: Theo Scherling

1. Auflage 1 6 5 4 3 | 2017 16 15 14

Gesamtherstellung: Digitaldruck Tebben, Biessenhofen

ISBN 978-3-12-606362-3

Vorwort

Grammatik & Konversation 1 bietet 105 kopierfähige Arbeitsblätter zu zentralen grammatischen Themen, die zur Konversation im Unterricht für Deutsch als Fremdsprache und Deutsch als Zweitsprache anregen und die Arbeit mit jedem kurstragenden Lehrwerk unterstützen. Die Arbeitsblätter festigen grammatische Strukturen und fördern das freie Sprechen und sind jederzeit ohne Vorbereitung einsetzbar. Zielgruppe sind Jugendliche und Erwachsene.

Grammatik & Konversation 1 orientiert sich an den Niveaustufen des „Gemeinsamen europäischen Referenzrahmens für Sprachen" bzw. an „Profile deutsch" und enthält Material für die Niveaustufen A1, A2 und B1. Die Arbeitsblätter sind sowohl für die Arbeit in der Grundstufe als auch zur Wiederholung mit fortgeschritteneren Lernenden geeignet. Sie sind nach grammatischen Themen geordnet und innerhalb eines Themas von A1 bis B1 gestaffelt (s. die Übersicht S. 6ff.). Die Angabe der Niveaustufe zeigt dabei, ab welcher Stufe ein Arbeitsblatt eingesetzt werden kann.

Die Themen und die Aufgabenstellungen in **Grammatik & Konversation 1** berücksichtigen eine breite Palette von unterschiedlichen Lernerinteressen aller Altersgruppen und garantieren eine abwechslungsreiche Unterrichtsgestaltung. Langjährige Unterrichtserfahrung hat gezeigt, dass die Lernenden leichter und effektiver lernen, wenn grammatische Strukturen in einen „interessanten" Kontext eingebettet sind. Die Strukturen sind in **Grammatik & Konversation 1** Mittel zum Zweck, eigene Erfahrungen und Interessen mitzuteilen, und werden mit der Konversation gefestigt.

Die Arbeitsblätter sind folgendermaßen aufgebaut:

In der *Kopfzeile* finden Sie die *Nummer des Arbeitsblatts* und das *grammatische Thema* (z. B. *Artikel-Wörter und Substantive*), unterhalb der Kopflinie den (inhaltlichen) *Titel* und einen oder mehrere *Beispielsätze* mit der jeweiligen grammatischen Struktur.

Die Aufgaben sind immer in ***drei Schritte*** gegliedert.
Der ***1. Schritt*** besteht in einer stark gesteuerten Aufgabe, die sich gut für individuelle schriftliche Arbeit eignet. Hier geht es um die korrekte Verwendung und ggf. Einübung der Strukturen. Die Aufgabenstellung finden Sie in der *Randspalte*. Zu diesem Aufgabenteil gibt es im Anhang des Buches (S. 114 ff.) Lösungsvorschläge, wenn das sinnvoll erscheint.
Im ***2. Schritt*** bekommen die Lernenden eine schwächer gesteuerte Aufgabe mit *Redemitteln* zu den jeweiligen Strukturen und der Aufforderung, Fragen zu beantworten, Tipps zu geben oder Probleme kurz zu beschreiben. Die Redemittel nehmen die Strukturen wieder auf, die im ersten Schritt geübt wurden. Dieser Aufgabenteil kann sowohl *schriftlich* als auch *mündlich* gemacht werden – die Symbole am *Redemittelkasten* sind lediglich als Vorschläge zu verstehen.
(Bleistift = Schreibaufgabe; Sprechblasen = Konversation)

Mit dem ***3. Schritt*** (unten auf der Seite im gepunkteten Rahmen) bearbeiten die Lernenden eine weitgehend offene Aufgabenstellung, für die die oben gefestigten Strukturen wiederum nützlich sind. Sie diskutieren miteinander, interviewen Partner, halten Ergebnisse schriftlich fest oder inszenieren z. B. eine Talkshow. Die *Arbeitsformen* können sich in dieser Phase überschneiden, in der Randspalte ist jeweils die Arbeitsform angegeben, die den Schwerpunkt bildet:

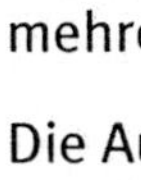 = Gruppenarbeit 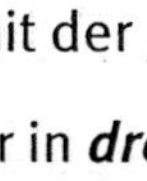 = Plenumsarbeit 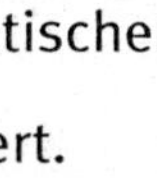 = Talkshow inszenieren

Alle Arbeitsblätter von **Grammatik & Konversation 1** sind im Unterricht mit Lernenden unterschiedlichster Herkunftssprachen erfolgreich erprobt worden.

Die Autorin und der Verlag wünschen Ihnen viel Spaß und Erfolg mit **Grammatik & Konversation 1.**

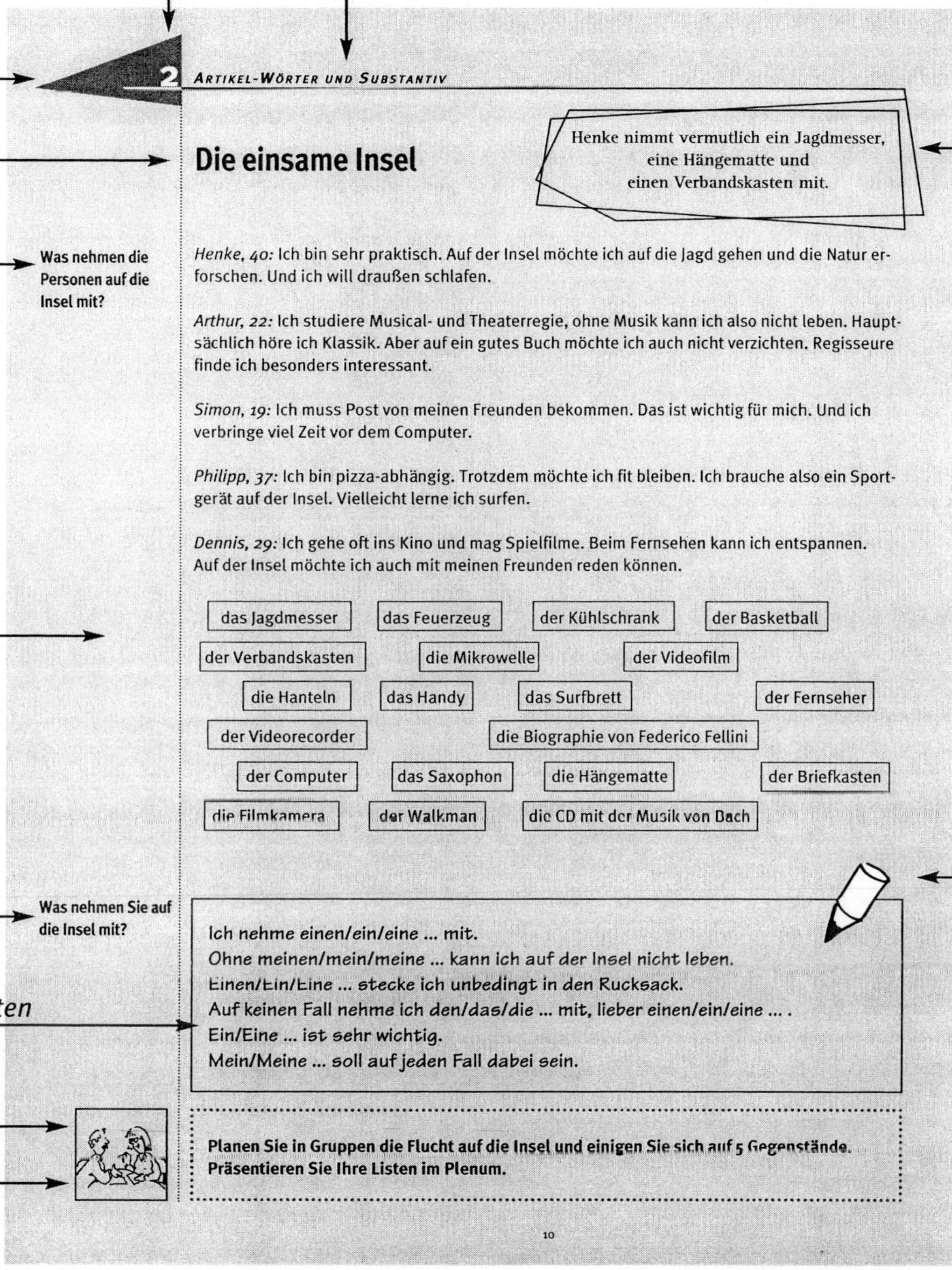

Die einsame Insel

Henke nimmt vermutlich ein Jagdmesser, eine Hängematte und einen Verbandskasten mit.

Was nehmen die Personen auf die Insel mit?

Henke, 40: Ich bin sehr praktisch. Auf der Insel möchte ich auf die Jagd gehen und die Natur erforschen. Und ich will draußen schlafen.

Arthur, 22: Ich studiere Musical- und Theaterregie, ohne Musik kann ich also nicht leben. Hauptsächlich höre ich Klassik. Aber auf ein gutes Buch möchte ich auch nicht verzichten. Regisseure finde ich besonders interessant.

Simon, 19: Ich muss Post von meinen Freunden bekommen. Das ist wichtig für mich. Und ich verbringe viel Zeit vor dem Computer.

Philipp, 37: Ich bin pizza-abhängig. Trotzdem möchte ich fit bleiben. Ich brauche also ein Sportgerät auf der Insel. Vielleicht lerne ich surfen.

Dennis, 29: Ich gehe oft ins Kino und mag Spielfilme. Beim Fernsehen kann ich entspannen. Auf der Insel möchte ich auch mit meinen Freunden reden können.

das Jagdmesser | das Feuerzeug | der Kühlschrank | der Basketball | der Verbandskasten | die Mikrowelle | der Videofilm | die Hanteln | das Handy | das Surfbrett | der Fernseher | der Videorecorder | die Biographie von Federico Fellini | der Computer | das Saxophon | die Hängematte | der Briefkasten | die Filmkamera | der Walkman | die CD mit der Musik von Bach

Was nehmen Sie auf die Insel mit?

Ich nehme einen/ein/eine ... mit.
Ohne meinen/mein/meine ... kann ich auf der Insel nicht leben.
Einen/Ein/Eine ... stecke ich unbedingt in den Rucksack.
Auf keinen Fall nehme ich den/das/die ... mit, lieber einen/ein/eine ... .
Ein/Eine ... ist sehr wichtig.
Mein/Meine ... soll auf jeden Fall dabei sein.

Planen Sie in Gruppen die Flucht auf die Insel und einigen Sie sich auf 5 Gegenstände. Präsentieren Sie Ihre Listen im Plenum.

10

Mein Wunsch ist ein Urlaub!

Sie haben einen Wunsch frei!

Bestimmter Artikel, unbestimmter Artikel, Nullartikel (kein Artikel): Ergänzen Sie.

Erich, 34: Mein Wunsch ist ___ein___ Urlaub. Momentan arbeite ich einfach zu viel.

Werner, 23: Mein Wunsch ist ___eine___ Reise nach Australien.

Ralf, 28: Ich möchte ___ein___ Ticket in die Alpen zum Snowboarden.

Petra, 41: Ich möchte gern ___ein___ Haus, ___ein___ Auto, ___eine___ glückliche und gesunde Familie und ___ein___ Leben ohne Sorgen und Probleme.

Christian, 51: Ich bin zur Zeit arbeitslos und ich möchte vor allem ___ein___ Job.

Veronika, 21: Mein Wunsch ist ___eine___ Karriere als ___ein___ Fotomodell.

Andrea, 45: Ich habe drei Kinder. Und ich wünsche für sie ___eine___ Liebe, ___ein___ Frieden und ___eine___ Geborgenheit. Und ich möchte ___eine___ Waschmaschine. Dann muss ich nicht alle zwei Tage in den Waschsalon laufen.

Erika, 51 und Arno, 54: Wir möchten ___ein___ Wohnwagen. Dann sind wir mobil.

Matthias, 17: Mein Wunsch ist ___ein___ Mountainbike. Ich finde, ___ein___ Mountainbike bedeutet ______ Freiheit und ______ Mobilität.

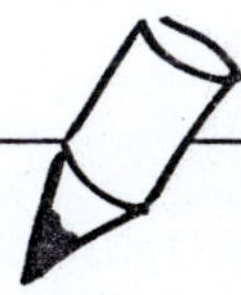

Was ist Ihr Wunsch?

Ich möchte gern einen/ein/eine .... Dann ... ich/meine Familie ....
Mein Wunsch ist ein/eine ... .

Machen Sie in Gruppen ein Interview: „Sie haben einen Wunsch frei!“ Sammeln Sie die Wünsche in einer Tabelle. Präsentieren Sie die Tabellen im Plenum (an der Tafel oder als Plakate).

Die einsame Insel

> Henke nimmt vermutlich ein Jagdmesser, eine Hängematte und einen Verbandskasten mit.

Was nehmen die Personen auf die Insel mit?

Henke, 40: Ich bin sehr praktisch. Auf der Insel möchte ich auf die Jagd gehen und die Natur erforschen. Und ich will draußen schlafen.

Arthur, 22: Ich studiere Musical- und Theaterregie, ohne Musik kann ich also nicht leben. Hauptsächlich höre ich Klassik. Aber auf ein gutes Buch möchte ich auch nicht verzichten. Regisseure finde ich besonders interessant.

Simon, 19: Ich muss Post von meinen Freunden bekommen. Das ist wichtig für mich. Und ich verbringe viel Zeit vor dem Computer.

Philipp, 37: Ich bin pizza-abhängig. Trotzdem möchte ich fit bleiben. Ich brauche also ein Sportgerät auf der Insel. Vielleicht lerne ich surfen.

Dennis, 29: Ich gehe oft ins Kino und mag Spielfilme. Beim Fernsehen kann ich entspannen. Auf der Insel möchte ich auch mit meinen Freunden reden können.

das Jagdmesser | das Feuerzeug | der Kühlschrank | der Basketball

der Verbandskasten | die Mikrowelle | der Videofilm

die Hanteln | das Handy | das Surfbrett | der Fernseher

der Videorecorder | die Biographie von Federico Fellini

der Computer | das Saxophon | die Hängematte | der Briefkasten

die Filmkamera | der Walkman | die CD mit der Musik von Bach

Was nehmen Sie auf die Insel mit?

Ich nehme einen/ein/eine ... mit.
Ohne meinen/mein/meine ... kann ich auf der Insel nicht leben.
Einen/Ein/Eine ... stecke ich unbedingt in den Rucksack.
Auf keinen Fall nehme ich den/das/die ... mit, lieber einen/ein/eine ... .
Ein/Eine ... ist sehr wichtig.
Mein/Meine ... soll auf jeden Fall dabei sein.

Planen Sie in Gruppen die Flucht auf die Insel und einigen Sie sich auf 5 Gegenstände. Präsentieren Sie Ihre Listen im Plenum.

Der Mensch braucht einen Schulabschluss. der (¨-e)

Was braucht der Mensch?

Was ist wichtig im Leben? Was braucht der Mensch? Einen Sportwagen oder einfach nur ein Zimmer, einen Job, eine Familie?

Ergänzen Sie den unbestimmten Artikel.

Der Mensch braucht

einen Schulabschluss
ø Berufsabschluss
eine Familie
ein Kind oder auch viele Kinder
einen Freund oder auch viele Freunde
eine eigene Wohnung
einen Führerschein
einen Doktortitel
ø Porsche
einen Pilotenschein der (e) گواهی
einen Job mit Karrierechancen
eine komfortable Einbauküche
ein Sommerhaus in Griechenland

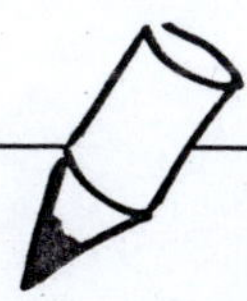

Ich brauche einen/ein/eine ... / viele ... . Das finde ich wichtig.
Aber ich brauche keinen/kein/keine ... . Das ist nicht (sehr) wichtig.
Einen/Ein/Eine ... finde ich sehr / gar nicht wichtig.

Was brauchen Sie (nicht)? Was finden Sie (nicht) wichtig?

Was brauchen Sie in Ihrem Leben? Machen Sie in Gruppen eine Umfrage. Notieren Sie. Präsentieren Sie die Ergebnisse im Plenum als Statistik/Collage.

Ich schenke gern Blumen.

Schenken

Menschen machen gern Geschenke. Zu Weihnachten oder zum Geburtstag. Das macht Spaß.

Bestimmter Artikel, unbestimmter Artikel oder Nullartikel (kein Artikel): Ergänzen Sie.

Sabine, 41: Ich schenke gern ______ Blumen. Am Wochenende besuche ich oft meine Mutter und da bringe ich meistens ______ Blumenstrauß mit. Meine Mutter mag ______ Chrysanthemen und ______ Nelken. Meinem Sohn mache ich ziemlich oft ______ Geschenke. Ich schenke ihm zum Beispiel zum Schulanfang ______ Computerspiel oder ______ CD zum Namenstag.

Herbert, 53: Meine Frau mag Schmuck. Zum Geburtstag kaufe ich ihr ______ Ring oder ______ Kette, manchmal ______ Parfum. Und sie schenkt mir normalerweise ______ Krawatte, ______ Hemd oder ______ Pullover. Wir wählen ______ Geschenke zusammen aus. Es gibt also keine bösen Überraschungen.

Irene, 33: Ich bastle meine Geschenke selbst. Das mache ich in der Regel vor Weihnachten und vor Ostern. Ich male zum Beispiel ______ Bild oder ich mache ______ Blumengesteck oder ______ Trockenstrauß. Jedes Geschenk verpacke ich in Geschenkpapier und dekoriere es mit Schleifen oder Früchten. Für meine Freunde sind meine Geschenke immer ______ Überraschung.

Machen Sie gern Geschenke? Was schenken Sie zu welchem Anlass?

Ich mache (ziemlich/sehr) oft / eigentlich (ziemlich/eher) selten Geschenke.
Mein/Meine … mag … .
Ich schenke oft / meistens / ab und zu einen/ein/eine … .
Zum Geburtstag / Zu Weihnachten / Zum Namenstag / … schenkt man bei uns … / schenke ich … .

Was schenkt man in Ihren Ländern zum Geburtstag, zu Weihnachten oder zu anderen Festen?
Notieren Sie in Gruppen Stichpunkte.
Präsentieren Sie Ihre Ergebnisse im Plenum als Tabelle oder Collage.

Ich habe einen Talisman.
Das ist ein rosa Plüschschwein.

Talismane, Amulette, Fetische

Plüschhasen und Teddys, Ketten und Ringe – alle sollen Glück bringen.

Ulrike, 15: Ich habe ______ Talisman. Das ist ______ rosa Plüschschwein. Ohne ______ Schwein gehe ich niemals aus dem Haus. Es ist ______ Zaubermittel für alle meine Probleme – ich glaube fest daran.

Christian, 31: Viele Menschen glauben, ______ Halstuch kann unverwundbar machen, ______ Hasenpfote bringt ______ Glück und ______ Erfolg und ______ Glasmuschel in der Hosentasche vertreibt ______ Geister. Viele tragen ______ Amulette aus Steinen, Federn und Perlen. Einige tragen sogar ______ Zähne oder ______ Rattenköpfe. Das finde ich lächerlich.

Veronika, 34: Mein Freund ist ______ Musiker. Er spielt ______ Gitarre in einer Jazzband. Zu Hause hat er ______ kleine Figur aus Plastik. Ich glaube, das ist ______ Gott. Mein Freund hat ______ Figur aus Thailand mitgebracht. Er nimmt ______ Figur immer mit, wenn er auf Tournee geht. Das finde ich kindisch.

Anna, 26: Ich habe ______ Kette. Die habe ich mit 18 geschenkt bekommen. Damals habe ich gerade ______ Abiturprüfung gemacht und habe ______ Kettchen getragen. Es hat geholfen. Seitdem trage ich ______ Kette immer, ohne sie gehe ich nicht aus dem Haus. Manchmal habe ich ______ Lust, mir etwas Neues zu kaufen, weil die Kette natürlich nicht zu jedem Outfit passt. Aber mittlerweile bin ziemlich abergläubisch geworden und ich lege ______ Kette nie ab.

Bestimmter Artikel, unbestimmter Artikel, Nullartikel (kein Artikel): Ergänzen Sie:

Ich bin (gar nicht / überhaupt nicht / ziemlich) abergläubisch.
Ich habe/trage (k)einen/(k)ein/(k)eine ... .
Das ist ein/eine ... .
Den/Das/Die ... nehme ich immer mit.

Sind Sie abergläubisch? Haben Sie einen Talisman?

Welche Talismane haben Menschen in Ihrem Land? Sind dort viele Menschen abergläubisch? Stellen Sie in Gruppen eine Liste von besonders „populären" Talismanen zusammen.
Präsentieren Sie die Listen im Plenum.

Klassik – ein alter Hut?

Ich interessiere mich für Klassik und spiele seit dem vierten Lebensjahr Geige.

Hip-Hop, Techno oder Klassik, selbst auf der Bühne stehen oder ins Konzert gehen, Partituren lesen oder Platten auflegen - für viele ist Musik ein Hobby.

Bestimmter Artikel, unbestimmter Artikel oder Nullartikel (kein Artikel): Ergänzen Sie.

Julia, 21: Ich interessiere mich für ________ Klassik und spiele seit ________ vierten Lebensjahr ________ Geige. Ich habe auch ________ Lieblingskomponisten, das ist Johann Sebastian Bach. ________ Musik von Bach hat immer ________ besondere Atmosphäre. ________ Brandenburgischen Konzerte zum Beispiel. ________ Musik kann ich immer hören, zu jeder Zeit.

Manuel, 29: Für viele junge Leute ist ________ Klassik von vornherein ________ Alte-Leute-Musik oder etwas für ________ Wunderkinder. Dabei ist ________ Klassik zum Teil viel schöner als ________ Rock, ________ Pop oder ________ Techno. Sie ist ganz eng mit ________ Gefühlen verbunden. Wenn ich zum Beispiel traurig bin, höre ich ________ zweiten Satz aus ________ zweiten Symphonie von ________ Brahms. Wenn ich mich aufmuntern will, höre ich ________ neunte Symphonie von ________ Beethoven. Aber wenn ich verliebt bin, muss es ________ Song von ________ Madonna sein.

Sonja, 24: Ich finde ________ Popmusik banal. Wenn ich ________ klassisches Stück zehnmal gehört habe, kann ich immer noch nicht mitsingen. Sogar bei ________ zehnten Hören fällt mir ________ neues Detail auf. In ________ Popmusik sind ________ Texte und ________ Rhythmus fast immer gleich. ________ Strophen und ________ Refrain wechseln sich ab, aber ________ Aufbau bleibt immer derselbe.

Welche Art von Musik mögen Sie? Haben Sie ein Lieblingsstück, einen Lieblingskomponisten oder eine Lieblingsband?

Ich interessiere mich für Klassik/Popmusik/Rock/Jazz/Blues/Volksmusik/... .
Ich höre/mag am liebsten die Musik von ... .
Ich habe einen Lieblingskomponisten / ein Lieblingsstück / einen Lieblingssong.
Das ist ... . / Er/Es heißt ... .
... finde ich altmodisch/langweilig/schön/... .

Sie organisieren ein Musikfestival und möchten, dass zu diesem Fest sowohl Jugendliche als auch ältere Leute kommen. Welche Musik würden Sie auf das Programm setzen? Äußern Sie Ihre „persönlichen Musikwünsche", notieren Sie Argumente dafür und einigen Sie sich in Gruppen auf 5-6 Vorschläge. Präsentieren Sie Ihr Programm im Plenum.

14% haben Respekt vor der Kirche.
Nur 7% haben Vertrauen
zu den Politikern.

Vertrauenspersonen

Eltern, Freunde, Arbeitskollegen: Bei wem finden wir Hilfe und Verständnis? Zu wem haben wir einen besonders guten Kontakt? Ein deutsches Familienmagazin macht eine Umfrage.

Bilden Sie Sätze wie im Beispiel.

Vor wem haben Sie den meisten Respekt?

Eltern	76%
Bundeskanzler	57%
Greenpeace – Aktivisten	23%
Polizisten	16%
Kirche	14%

Zu wem haben Sie Vertrauen?

Eltern	80%
Freund/Freundin	77%
Geschwister	39%
Politiker	7%

Mit wem besprechen Sie Ihre Probleme?

Mutter	83%
Geschwister	35%
Freund/Freundin	33%
Psychologe	11%
Anwalt	9%

Bei wem suchen Sie Trost in schwierigen Situationen?

Eltern	70%
Partner/Partnerin	52%
Freunde	45%

Beantworten Sie selbst die Fragen.

Ich habe (den meisten) Respekt vor dem/der/den ... .
Ich habe viel/großes Vertrauen zu dem/der/den ... .
Meine Probleme bespreche ich (oft/normalerweise/gewöhnlich) mit dem/der/den ... .
Trost in schwierigen Situationen suche ich bei dem/der/den ... .

Machen Sie in Gruppen eine Umfrage. Tragen Sie die Ergebnisse in einer Statistik zusammen. Kommentieren Sie die Statistik im Plenum.

Umweltprobleme

die Zerstörung der Umwelt
die Senkung des Meeresspiegels

Die Zerstörung der Umwelt durch den Menschen ist heutzutage offensichtlich. Das ist ein schweres Erbe, das wir der künftigen Generation hinterlassen.

Was sind die größten ökologischen Probleme, die für unseren Planeten unabsehbare Folgen haben können? Antworten Sie wie im Beispiel.

die Erwärmung + die Erde (der sogenannte Treibhauseffekt)

die Zerstörung + die Regenwälder, die Natur, die Landschaften

die Ausdünnung + die Ozonschicht

die Verschmutzung + die Meere, die Flüsse, die Atmosphäre

die Erosion + der Boden

die Vergiftung + die Luft

die Ausrottung + die Tier- und Pflanzenwelt

Welche ökologischen Probleme werden das Leben der künftigen Generation verändern oder belasten? Notieren und vergleichen Sie.

Die Zerstörung		wird ... verändern/belasten.
Die Verschmutzung		beeinflusst ...
Die Verseuchung	des/der ...	führt zu ...
Die Vergiftung		ist eine Gefahr für ...
Die Ausrottung		hat unabsehbare Folgen für ...

Umweltprobleme in Deutschland - Umweltprobleme in Ihrem Land: ein Vergleich. Notieren Sie Stichpunkte, halten Sie einen kurzen Vortrag im Plenum und beantworten Sie Fragen.

Steh über den Dingen!
Nimm nichts persönlich!

Kritik – kein Problem!

Wie soll man mit Kritik richtig umgehen? Das ist gar nicht so einfach. Vor allem unbegründete Kritik trifft meist schwer. Aber man kann sich ein paar Tipps merken.

Formulieren Sie die Sätze wie im Beispiel um.

Sie sollen über den Dingen stehen.
Und Sie sollen nichts persönlich nehmen.
Sie sollen sich selbst nicht entwerten.
Und Sie sollen sich nicht verunsichern lassen.
Sie sollen möglichst distanziert und sachlich bleiben.
Sie sollen sich von Aufregung und Ärger befreien.
Sie sollen auf unfaire Kritik nicht mit der gleichen Waffe reagieren.
Und Sie sollen etwas unternehmen und nicht grübeln.
Sie sollen gute Kritik von unsachlicher Kritik unterscheiden.
Sie sollen nur auf aufbauende Tipps hören
Sie sollen sich gegen dumme Sprüche wehren.
Sie sollen sich selbst mit herabsetzenden Kommentaren zurückhalten.
Und Sie sollen den anderen klar machen: Sie möchten faire Kritik.
Sie sollen auch faire Kritik üben.
Und dann sollen Sie die Kritik ins Positive wenden.

Ihr Freund / Ihre Freundin hat Probleme im Büro. Arbeitskollegen und der Chef kritisieren ihn/sie, aber er/sie macht gar nichts falsch und liefert vollen Arbeitseinsatz. Notieren Sie ein paar Tipps.

Bleib … .
Sprich vielleicht mal … .
Lass dich nicht … .
Sag deinem Chef / deinen Arbeitskollegen, du möchtest … .
Er/Sie soll/sollen … .
Hör (nicht) auf … .
Wehr dich gegen … .
Schlag deinem Chef / deinen Arbeitskollegen vor, du/er/sie … .

Sie organisieren ein Training / eine Schulung für Führungskräfte unter dem Motto: „Wie kann ich das Arbeitsklima in meiner Abteilung verbessern und so den Erfolg optimieren?“
Schreiben Sie in Gruppen Tipps für angehende Chefs.
Diskutieren Sie die Tipps im Plenum.

Streitkultur

Friss den Ärger nicht in dich hinein!
Nehmt euch Zeit füreinander!

Immer nachgeben und den Ärger runterschlucken, weil man keinen Stress haben will? Bloß nicht! Offen ausgetragene Meinungsverschiedenheiten klären einiges und tun manchmal richtig gut.

Bilden Sie Sätze wie im Beispiel.

Tipps für eine/n:

- den Ärger nicht in sich hinein fressen
- darauf achten, welche Situationen zum Streit führen
- das Thema ruhig und sachlich auf den Tisch bringen
- eine Auszeit nehmen, wenn man wütend ist
- ins Kissen brüllen und gegen den Mülleimer treten, um Dampf abzulassen
- die Auseinandersetzung auf später verschieben

Tipps für zwei:

- sich Zeit füreinander nehmen
- sich genau anhören, was der Partner sagt
- nachfragen, wie etwas gemeint ist
- dem anderen nicht die Schuld für den Streit geben
- herausfinden, wo es hakt und warum
- nach einem Kompromiss suchen
- ruhig und sachlich miteinander reden
- das Selbstwertgefühl des Partners nicht verletzen

Ein Bekannter / Eine Bekannte von Ihnen hatte Streit mit seinem/ihrem Freund / seiner/ ihrer Freundin, weil er/sie momentan so viel um die Ohren hat und jede Verabredung absagt. Geben Sie Ihrem/ Ihrer Bekannten Tipps.

Versucht doch zusammen ... .
Frag ihn/sie doch ... .
Geht doch zusammen zu ... .
Sprich doch noch einmal mit ... .
Lade ihn/sie doch ... ein.

**Machen Sie eine Umfrage zum Thema „Streitkultur". Sammeln Sie in Gruppen Gründe für Streitigkeiten und notieren Sie Tipps.
Inszenieren Sie eine Talkshow im Plenum.**

Leg öfter mal Pausen ein!

Keine Zeit?

Fast jede/r kennt das Problem: keine Zeit, Hektik, Stress. Aber das muss nicht sein.

- öfter Pausen einlegen
- nicht von einem Termin zum anderen hetzen
- sich mehr Zeit für sich nehmen
- Zeitprobleme mit dem Partner besprechen
- die Zeit realistisch einteilen
- auch mal „nein“ sagen
- das Wochenende nicht verplanen
- öfter spazieren gehen
- den eigenen Zeitrhythmus finden
- ab und zu nichts tun

Geben Sie Tipps wie im Beispiel.

Geh öfter / nicht so oft ... .
Machen Sie ab und zu ... .
Sprich mit ... über ... .
Bleiben Sie ... .
Plane ... genau / jeden Morgen / vor dem Schlafengehen ... .

Ihr Freund / Ihre Freundin hat keine Zeit und beklagt sich darüber. Notieren Sie Tipps und vergleichen Sie.

Beschreiben Sie in Partnerarbeit Ihren Tagesablauf. Was möchten Sie ändern?
Sammeln Sie Vorschläge und notieren Sie.
Vergleichen Sie die Vorschläge im Plenum.

Horoskope

Reden Sie mit Ihrer Familie über Ihr Problem.

Manuela, 43: Ich glaube an Horoskope. Das ist mein großes Problem. Dagegen kämpfe ich. Aber bislang hilft es nicht. Ich setze mich immer mehr unter Druck und es geht mir immer schlechter. Ich bin deshalb häufig schlecht gelaunt, schreie andere an, oft ohne Grund, bleibe den ganzen Tag zu Hause, wenn im Horoskop steht: An dem Tag kann mir etwas zustoßen.
Ich habe einfach Angst und ich bin abergläubisch geworden. Besonders meine Familie leidet darunter. Ich habe schon versucht, keine Horoskope zu lesen. Aber das geht nicht. Sie ziehen mich magisch an.

Eine Diplompsychologin gibt Manuela Tipps. Formulieren Sie die Tipps wie im Beispiel.

- ▶ mit der Familie über das Problem reden
- ▶ die Familie fragen: Wie geht sie mit dem Problem um?
- ▶ Freunde um Hilfe bzw. Unterstützung bitten
- ▶ das Horoskop mit einer Vertrauensperson analysieren und die Dinge mehr mit ihren Augen sehen
- ▶ keine zu hohen Erwartungen an sich stellen
- ▶ Angst und Unsicherheit auf die Spur kommen und sich nicht dafür schämen
- ▶ neue Kontakte und Freundschaften suchen
- ▶ den anderen nicht so viele unsichere und schwache Seiten zeigen
- ▶ einzelne Schwierigkeiten und Probleme nicht überbewerten
- ▶ sich an einen Psychotherapeuten wenden

Ein Bekannter / Eine Bekannte liest regelmäßig Horoskope und hat sein/ihr ganzes Leben davon abhängig gemacht. Die Freunde wenden sich von ihm/ihr ab und auch in der Ehe kriselt es. Geben Sie Ihrem / Ihrer Bekannten Tipps.

Sprich offen mit ... über ... .
Frag mal ... .
Zeig ... dein Interesse ... .
Unternimm mal etwas mit ... .
Such dir jemanden und ... .
Geh deinen Gefühlen auf den Grund und frag dich: ...
Finde heraus: Was/Wie/Warum ... ?
Setz ... nicht unter Druck!

Viele Menschen können mit ihren Ängsten nicht richtig umgehen. Sie wollen eine Selbsthilfegruppe organisieren. Formulieren Sie in Partner- oder Gruppenarbeit einen Werbetext fürs Internet oder für die Zeitung.
Vergleichen Sie im Plenum.

Reduziere deine Ansprüche!

Knapp bei Kasse

Angelika, 35: Obwohl ich einen gut bezahlten Job habe, reicht das Geld nicht. Eine neue Hose, ein Paar Schuhe - nichts Besonderes. Man will schließlich gut aussehen. Mal ins Kino oder ins Konzert oder mal schick essen gehen. Auch mein Handy verschlingt sehr viel Geld. Doch ich kann nicht auf das Versenden von SMS verzichten oder weniger telefonieren. Am Monatsende bin ich pleite. Und meine Freunde gehen mir aus dem Weg, weil sie Angst haben, dass ich sie wieder um ein paar Scheine bitte. Wenn meine Eltern oder Freunde mir dann doch noch Geld leihen, kommen schnell große Summen zusammen. Die kann ich dann schwer wieder zurückzahlen. Was kann ich tun?

Angelika bekommt Tipps von ihrer Freundin. Formulieren Sie Sätze wie im Beispiel.

- ▶ Ansprüche reduzieren
- ▶ Geld einteilen
- ▶ nicht schon in der ersten Woche alles ausgeben
- ▶ nicht jeden Modetrend mitmachen
- ▶ nicht zu Veranstaltungen gehen, wenn das Geld nicht reicht
- ▶ weniger Klamotten kaufen
- ▶ alte Sachen neu kombinieren
- ▶ öfter zu Hause essen
- ▶ auf das Handy verzichten
- ▶ nur von zu Hause telefonieren
- ▶ Freunde nicht um Geld bitten
- ▶ keinen Kredit aufnehmen
- ▶ nicht auf Kredit einkaufen
- ▶ sich im Notfall nach einem Nebenjob umsehen

Freunde fahren ins Ausland und möchten dort einkaufen. Sie kennen das Land gut und geben den Freunden Tipps.

Kauft nicht/nur … .
Nehmt nie … .
Bleibt lieber … .
Schaut euch zuerst … um.
Seht euch … an.
Lasst euch von … beraten.
Sucht in Ruhe … aus.
Informiert euch zuerst über … .

Sie bereiten einen Workshop zum Thema „Geld ausgeben, aber mit Köpfchen“ vor. Setzen Sie in Gruppen Schwerpunkte und schreiben Sie einen Ratgeber. Vergleichen Sie Ihre Ergebnisse im Plenum.

Die Seele baumeln lassen

Analysieren Sie Ihr Leben – vielleicht ist alles gar nicht so schlimm!

Sie haben Stress im Beruf, Probleme zu Hause, draußen regnet es, es ist kalt und ungemütlich. Sie fühlen sich müde und deprimiert. Die Psychologen kennen Wege aus dem Stimmungstief.

Schreiben Sie Sätze wie im Beispiel.

das eigene Leben analysieren – vielleicht alles gar nicht so schlimm
tief einatmen, durch die Nase ausatmen, sich entspannt zurücklehnen
Pflanzen kaufen und ins Schlafzimmer stellen
die Wohnung mit bunten Kissen und Bildern dekorieren
früh schlafen gehen
abends Kerzen anzünden und den Tag mit einem Glas Wein ausklingen lassen
sich ab und zu leckere Sachen gönnen
öfter spazieren und schwimmen gehen
ein warmes Bad nehmen
die Seele baumeln lassen

Ihr Bekannter / Ihre Bekannte leidet an Depressionen, ist oft schlecht gelaunt und bricht in Tränen bzw. in Wut aus, oft ohne Grund. Was können Sie ihm/ihr raten? Notieren Sie Tipps.

Finde heraus: Was ist der Grund für ...?
Unterdrücke ... (nicht)!
Setz dich mit ... auseinander.
Versuch ... zu ... .
Unternimm vielleicht öfter mal ... .
Geh mit Freunden ... oder lade sie zu ... ein.
Kümmere dich mehr um ... .
Konzentriere dich nicht auf ... .
Sprich / Rede / Unterhalte dich mit ... über ... .
Mach regelmäßig ... .
Trink abends/tagsüber mehr/öfter ... .
Iss mehr/weniger ... .

Alle Menschen haben ab und zu mal eine Krise. Manche fallen dann in ein tiefes Loch und leiden an Depressionen. Andere lernen aus Fehlern und kommen aus Ihren Problemsituationen gestärkt heraus. Wie kann bzw. soll man eine Krise bewältigen?
Schreiben Sie in Gruppen einen Ratgeber.
Präsentieren Sie Ihre Tipps im Plenum.

Ich habe sie angeschaut und habe sofort gewusst, das ist meine Traumfrau. Dieser Moment hat mein ganzes Leben verändert.

Die schönsten Momente im Leben

Jeder Mensch hat schöne Momente in seinem Leben, sie bleiben für immer in Erinnerung. Auch nach vielen Jahren erzählt man gern davon.

Bilden Sie Sätze wie im Beispiel.

Michael, 30:
bei der Renovierung im Nachbarhaus helfen
vier Stunden aufräumen, zimmern, streichen
plötzlich sie sehen, einen Stich im Herz spüren
sie ansehen, sofort wissen, das ist die Traumfrau; Leben verändern
sie ansprechen, fast eine Stunde reden, alles um sich herum vergessen
ein Jahr später heiraten

Stefanie, 33:
nach drei Jahren Arbeit mit der Doktorarbeit fertig werden
an dem Tag ins Stammlokal gehen
ein großes Fest feiern
alle Freunde einladen
tanzen, trinken, sich amüsieren

Ruth, 51:
vor 2 Monaten: Oma werden
einen Schock erleben: ich ... und Oma
lange über das Leben nachdenken und sich an den Gedanken gewöhnen
zur Tochter fahren
das Kind auf den Arm nehmen, ihm vorsingen
sich in dem Moment glücklich fühlen

Herbert, 67:
in ein Zeitungsgeschäft gehen
eher aus Spaß einen Lottoschein kaufen
eine Woche später die Lottozahlen hören
tatsächlich gewinnen

Von welchen schönen Momenten möchten Sie erzählen?

Vor kurzem / Vor ... Monaten/Jahren habe/bin ich ... .
Als Kind / Mit ... Jahren habe/bin ich ... .
Ich kann mich noch genau daran erinnern: Ich habe/bin ... .
Dann habe/bin ich ... .
Und danach / am Schluss / ein paar Tage später ... .

Machen Sie in Gruppen eine Collage zu den schönsten bzw. wichtigsten Momenten im Leben. Präsentieren Sie die Ergebnisse im Plenum.

Schulerinnerungen

Nach der Grundschule hat Andreas ein Gymnasium besucht.

Wenn wir an die Schule denken, erinnern wir uns an Lehrer und Lehrerinnen, Schulfreunde und Schulfreundinnen, an Prüfungen und Notenstress. Sind diese Erinnerungen positiv? Was hat die Schule uns mit auf den Weg gegeben?

Bilden Sie Sätze wie im Beispiel.

Andreas, 43:
nach der Grundschule ein Gymnasium besuchen
ziemlich strenge Lehrer haben
viele Hausaufgaben machen und viel auswendig lernen
fast nie kreativ arbeiten
Angst vor schlechten Noten haben
oft ein ziemlich schlechtes Zeugnis bekommen
zur Hauptschule wechseln
dort weniger Stress haben
Noten besser werden

Karl-Heinz, 36:
eine Realschule besuchen
keine großen Probleme haben, die meisten Fächer mögen
nur mit Deutsch Schwierigkeiten haben
vor Diktaten und Aufsätzen regelrecht Angst haben
viele Fehler machen
später sogar den Nachhilfeunterricht besuchen

Nina, 26:
eine Montessori-Schule besuchen
das Arbeitstempo selbst bestimmen
viel singen, malen, Theater spielen
viel selbstständig arbeiten und beim Lernen mitentscheiden
keine Noten bekommen, keinen Druck haben
respektvoll miteinander umgehen
in der Schule die künstlerischen und handwerklichen Talente entdecken

Welche Erinnerungen an die Schule haben Sie?

Ich habe ... besucht / bin ... gegangen.
Ich habe strenge Lehrer / schlechte Noten / (keine) Angst vor ... gehabt.
Im Unterricht haben wir oft / meist / nur selten ... gelernt/gearbeitet/ gemacht/ ... .
Die Lehrer haben uns wie Partner / respektvoll / autoritär / ... behandelt.
In den Ferien / Nach dem Unterricht sind wir oft / ab und zu ... gegangen/ gefahren.

Machen Sie Interviews in Partnerarbeit. Präsentieren Sie die Ergebnisse in Form von fiktiven Geschichten und stellen Sie die Geschichten im Plenum vor.

Vor ein paar Jahren haben meine Freunde mir zum Geburtstag eine Ballonfahrt geschenkt.

Originelle Geschenke

Einige Geschenke vergisst man nie. Es vergehen Jahre, aber man erinnert sich immer noch oft und gern daran.

Ergänzen Sie wie im Beispiel.

Bernd, 35: Vor ein paar Jahren ______ meine Freunde mir zum Geburtstag eine Ballonfahrt ______ (schenken). Ich ______ lautlos durch die Luft ______ (gleiten) und ______ ______ (sehen), wie die Landschaft unter mir langsam vorüberzog. Das ______ mir sehr gut ______ (gefallen) und ich ______ mich dazu ______ (entschließen), das Ballonfahren zu meinem Hobby zu machen.

Erich, 42: Als ich 12 war, ______ ich von meiner Oma zum Geburtstag etwas ganz Besonderes ______ (bekommen), eine Gitarre. Ich ______ dann Gitarrenunterricht ______ (bekommen). Später ______ ich sogar eigene Stücke ______ (schreiben) und alle meine Eindrücke in Liedern ______ (verarbeiten). In der Schule ______ ich oft bei Schulfesten ______ (auftreten) und ______ in einer Schulband ______ (singen). Heute gehört Musik zu meinen schönsten Freizeitbeschäftigungen.

Manuela, 25: Vor zwei Monaten ______ ich 25 ______ (werden). Natürlich ______ ich viele Geschenke ______ (bekommen). Aber das schönste Geschenk war die Fotocollage, meine kleine Schwester ______ sie für mich ______ (machen). Sie ______ mich heimlich ______ (fotografieren), zu Hause, im Büro, mit meinen Freunden. Die Fotos ______ sie dann auf Dachpappe ______ (kleben) und zu jedem Foto witzige Texte ______ (schreiben). Noch nie ______ ich so viel ______ (lachen).

Über welche Geschenke haben Sie sich besonders gefreut?

Zu meinem ... Geburtstag habe ich ... bekommen.
Mein Freund / Meine Freundin / Meine Freunde / Meine Eltern hat/haben mir ... geschenkt.
Über ... habe ich mich sehr gefreut / viel gelacht.

Machen Sie in Gruppen eine Collage über die originellsten und schönsten Geschenke in Ihrem Leben. Präsentieren Sie die Ergebnisse im Plenum.

Man lernt nie aus

Als Kind habe ich einen Traum gehabt: Klavier spielen lernen.

Ergänzen Sie wie im Beispiel.

Katharina, 68: Als Kind ________ ich einen Traum ____________ (haben): Klavier spielen lernen. Aber aus dem Traum ________ leider nichts ____________ (werden). Als ich 15 war, ________ mein Vater ____________ (sterben). Meine Mutter ________ viel ____________ (arbeiten). Sie ________ auch noch Arbeit nach Hause ____________ (mitnehmen). Nach der 9. Klasse ________ ich in die Lehre ____________ (gehen), denn ich wollte Geld verdienen. Damals ________ so etwas selbstverständlich ____________ (sein). Mein ganzes Leben ________ ich hart ____________ (arbeiten). Vor drei Jahren ________ ich Rentnerin ____________ (werden). Ich hatte plötzlich viel Zeit für mich. Ich ________ ____________ (anfangen) Klavierunterricht zu nehmen. Mein Traum ________ endlich in Erfüllung ____________ (gehen).

Manuela, 28: Als ich 17 war, ______ ich einen Jungen ____________ (kennen lernen). Er war ein ziemlich sportlicher Typ. Einmal ________ er mich zum Eislaufen ____________ (einladen). Ich ________ vorher noch nie ____________ (eislaufen), aber das ________ ich ihm nicht ____________ (sagen). Am Abend ________ ich dann meine Freundin ____________ (anrufen). Wir ________ zusammen ins Eisstadion ____________ (fahren). Sie ________ mir Eislaufen ____________ (beibringen). Wir ________ zwei bis drei Stunden ____________ (üben). Ich ________ immer wieder ____________ (hinfallen). Meine Freundin ________ mir dann auf die Beine ____________ (helfen) und ich ________ es von neuem ____________ (versuchen). Und ich ________ es ____________ (schaffen)!

Was und wie haben Sie gelernt?

... habe ich mit ... Jahren / in/bei/von ... gelernt.
... hat mir ... beigebracht/gezeigt.
Ich habe immer wieder geübt/probiert/... .
... hat mir geholfen / mich aufgemuntert / mich auf die Beine gestellt.
Schließlich / Endlich / Nach ein paar Versuchen/Misserfolgen habe ich es geschafft.

Machen Sie in Gruppen eine Umfrage zum Thema „Man lernt nie aus“. Stellen Sie die wichtigsten Informationen als Statistik oder Collage zusammen. Präsentieren Sie Ihre Ergebnisse im Plenum.

Ich halte es für möglich, dass es in den nächsten Jahrzehnten mehrere große Ozonlöcher geben wird.

Ein Blick in die Zukunft

Der Mensch wird andere Planeten besuchen, die Milliarden Kilometer entfernt sind. Häuser werden über 1000 Meter hoch sein. Im Weltraum wird ein Solarkraftwerk in Betrieb genommen werden. Welche dieser Entwicklungen halten Sie für realistisch, welche für möglich, welche für absolut undenkbar, unrealistisch?

Bilden Sie Sätze wie im Beispiel.

In den nächsten Jahrzehnten gibt es mehrere große Ozonlöcher.
Viele Teile unseres Planeten sind radioaktiv verseucht.
Es gibt nur Solar- und Elektroautos.
Treibstoff für Weltraumschiffe stellt man aus Pflanzen her.
Die meisten Lebensmittel werden künstlich hergestellt.
In jeder Wohnung und an jeder Straßenecke gibt es Bildtelefone.
Alle Einkäufe erledigt man per Mausklick.
Kinder gehen nicht zur Schule, sondern lernen zu Hause vor dem Bildschirm.
Alle Universitäten der Welt bieten das Studium im World Wide Web an.
Überall putzen, wischen und saugen Roboter.
Es werden Hotels und Touristenzentren auf anderen Planeten und unter Wasser gebaut.
Der Mensch setzt seinen Fuß auf den Mars und auf andere Planeten.
Organe für die Transplantationschirurgie züchtet man im Labor.
Die Wissenschaftler finden einen Impfstoff gegen Krebs, AIDS und andere Krankheiten.
Es gibt Ernährungspillen, die das Essen komplett ersetzen.
Die durchschnittliche Lebenserwartung liegt bei 100 Jahren.
Technik und Chemie zerstören endgültig die Umwelt.
Die Menschen werden durch Computer total kontrolliert.
Es gibt eine sorgenfreie Gesellschaft, in der alles vorhanden ist, was man braucht.

Was wird in den nächsten Jahrzehnten anders sein?

Ich halte es für (durchaus) möglich/realistisch, dass ... .
Vermutlich wird/werden in der Zukunft ... . Das halte ich für möglich / (ziemlich) wahrscheinlich.
In den nächsten Jahrzehnten wird unser Planet / die Erde ... .
Die Menschen werden vermutlich ... .
Es wird wohl keine/viele/neue ... geben.
Wahrscheinlich werden wir ... .

Einigen Sie sich in Gruppen auf einen Lebensbereich. Wie wird er wohl in den nächsten Jahrzehnten aussehen? Was wird sich ändern? Notieren Sie Stichpunkte und präsentieren Sie sie grafisch auf einem Plakat oder einer Folie.
Stellen Sie Ihr Zukunftskonzept im Plenum vor.

Gute Vorsätze

Ich werde im nächsten Jahr nicht mehr so lange telefonieren.

Am Jahresende ziehen viele Menschen ihre persönliche Bilanz: Was hat im vorigen Jahr nicht so gut geklappt? Was werde ich im nächsten Jahr ändern?

Formulieren Sie Vorsätze für das nächste Jahr und verwenden Sie das Futur I.

Sie haben im vorigen Jahr stundenlang mit Ihren Freunden telefoniert und mussten nachher hohe Telefonrechnungen bezahlen.

Sie haben im vorigen Jahr viel zu viel Geld für Kleidung und Kosmetik ausgegeben.

Sie haben mehrmals mit einer Diät angefangen, sie aber immer wieder abgebrochen.

Sie haben kein bisschen abgenommen.

Sie haben zu wenig Sport gemacht.

Sie sind kein einziges Mal ins Fitnessstudio gegangen.

Sie haben die Nachbarn oft mit lauter Musik geärgert.

Sie haben Ihren Eltern nicht geschrieben.

Sie haben zu viel geraucht.

Sie haben viel genascht.

Sie haben oft mit Ihren Arbeitskollegen geschimpft und über Ihren Chef gelästert.

Sie sind viel zu oft mit dem Auto gefahren.

Sie haben sich ständig unter Druck gesetzt.

Sie haben keine Zeit für Ihre Freunde gehabt.

Sie haben im vorigen Jahr keine einzige Ausstellung, kein einziges Konzert besucht.

Sie haben sich zu wenig für das Weltgeschehen interessiert.

Was werden Sie im nächsten Jahr ändern?

Ich werde im nächsten Jahr ... .
Ich habe mir vorgenommen, dass ich in diesem Jahr ... werde.
Es wird mir sicher schwer fallen, aber ich werde ... .
Ich werde auch versuchen ... .

Schreiben Sie auf Zettel zwei „gute Vorsätze“: Zum einen, was Sie sich wirklich für dieses Jahr vorgenommen haben, und den zweiten Punkt müssen Sie erfinden.
Lesen Sie in Gruppen Ihre Vorsätze vor. Lassen Sie die anderen raten, was Sie sich in Wirklichkeit vorgenommen haben.

In 10 Jahren wird Christian als Meeresbiologe arbeiten. Und er wird hoffentlich genügend Zeit für seine Hobbys haben.

Pläne für die Zukunft

Jeder hat sie: Pläne für die Zukunft. Verrückt oder solide – in der Zukunft ist alles möglich.

Bilden Sie Sätze wie im Beispiel.

Christian, 27, Student:
als Meeresbiologe arbeiten
die Unterwasserwelt und Fische untersuchen und darüber Berichte schreiben
eine Familie gründen
hoffentlich genügend Zeit für Hobbys haben
weite Reisen in ferne Länder machen

Katharina, 38, Ärztin:
irgendwo im Ausland leben
vielleicht eine eigene Praxis aufmachen
Verantwortung übernehmen
Hektik vermeiden
abends gemütlich ein Buch lesen
ausgehen und neue Leute treffen
die besten Augenblicke mit dem Partner teilen

Markus, 61, Unternehmer:
alle Geschäfte und die Firma dem Sohn übergeben
hoffentlich noch fit und aktiv sein
vielleicht nach Frankreich gehen und dort ein kleines Weingut kaufen
Wein anbauen und zur Weinlese viele Freunde einladen
abends auf der Terrasse sitzen, Wein trinken, Zigarren rauchen
das Leben genießen

Was werden Sie in 10 Jahren machen?

In 10 Jahren werde ich vielleicht / wahrscheinlich / mit Sicherheit … .
Hoffentlich / Unter Umständen werde ich auch … .
Auf keinen Fall werde ich aber … .

Machen Sie Interviews in Gruppen.
Stellen Sie die Ergebnisse als Collagen oder Plakate im Plenum vor.

Mit 16 ...

Mit 16 sah ich wie ein Hippie aus, hatte lange Haare, trug ausgewaschene Jeans und Hemden mit Blümchenmuster.

Ergänzen Sie die Verben im Präteritum.

Wolfgang, 61: Mit 16 ________________ ich wie ein Hippie ________ (aussehen), ________________ (haben) lange Haare, ________________ (tragen) ausgewaschene Jeans und Hemden mit Blümchenmuster. Ich ________________ (treffen) mich jeden Abend mit meiner Freundin, wir ________________ (gehen) ins Eiscafé oder spazieren.

Renate, 43: Ich ________________ (gehen) aufs Gymnasium, ________ (sein) aber eher eine mäßige Schülerin. Um 5 ________ (sein) ich normalerweise mit den Hausaufgaben fertig und dann ________________ (beginnen) meine Freizeit. Meine Freundin ________________ (kommen) oft zu mir und wir ________________ (sprechen) über alles Mögliche. Ich ________________ (lesen) auch gern Romane von Karl May und ________________ (denken), dass mir die ganze Welt offen steht.

Matthias, 38: Mit 16 ________________ (hören) ich die Beatles und Jimmy Hendrix und ________________ selbst in einer Schulband ________ (mitmachen). Ich ________________ (treffen) mich oft mit meinen Freunden, wir ________________ (gehen) in die Disco oder zum Fußball und ________________ immer ________ (zusehen), wenn unsere Lieblingsmannschaft Hamburger SV ________________ (spielen).

Stefan, 25: Am liebsten ________________ (beschäftigen) ich mich mit Computer–Spielen, Computer-Programmen und so. Das ________________ (finden) ich damals so spannend, dass ich immer zu Hause vor dem Computer ________________ (sitzen). Die meisten meiner Freunde ________________ (sein) auch Computerfans. Wir ________________ die neusten Programme ________ (austauschen). Das ________ (sein) eine schöne Zeit.

Was haben Sie mit 16 gemacht?

Mit 16 war/hatte ich ... .
Meine Freizeit verbrachte ich am liebsten mit ... .
Am liebsten beschäftigte ich mit ... .
Ich ging oft in ... / traf mich oft mit ... .
Wir machten/spielten/sprachen ... .

Beschreiben Sie Ihr Leben oder das einer fiktiven Person mit 16 Jahren. Präsentieren Sie Ihre Texte in Gruppen. Suchen Sie Gemeinsamkeiten und sprechen Sie im Plenum darüber.

Andrea traf sich häufig mit den Freunden. Andreas Eltern unterstützten ihre Tochter.

Generationenprobleme

Oft denken die Kinder anders als ihre Eltern und wollen eigene Wege gehen. Wenn zwei Generationen nicht genügend Verständnis, Toleranz und Geduld an den Tag legen, sind Probleme vorprogrammiert.

Schreiben Sie kurze Texte im Präteritum.

Andrea, 51: sich häufig mit den Freunden treffen
sehr temperamentvoll sein, leidenschaftlich gern Fußball spielen
sich für Autos und Motorräder interessieren
von dem Beruf einer Kfz-Mechanikerin träumen

Andreas Eltern: die Tochter unterstützen, immer für sie da sein
nicht unter Druck setzen, keine Vorschriften machen
immer absolute Ehrlichkeit verlangen

Peter, 32: sich eigentlich gut mit den Eltern verstehen
Probleme in einem ruhigen Gespräch mit den Eltern besprechen
die Freunde oft nach Hause bringen

Peters Eltern: nie etwas dagegen haben, Verständnis für Peters Freundschaften haben
Peters Interessen und Hobbys ernst nehmen
meist gut finden, was der Sohn macht

Wolfgang, 29: nicht sehr gut in der Schule sein, zu Hause nicht viel erzählen
viel Zeit mit der Clique verbringen, ziemlich spät nach Hause kommen
später Probleme mit Alkohol bekommen

Wolfgangs Eltern: dem Sohn vorhalten, dass er faul ist
ständig Vorwürfe machen

Beschreiben Sie das Verhältnis von Kindern und Jugendlichen zu Ihren Eltern am Beispiel eines berühmten Menschen (oder eines Menschen, den Sie kennen).

Als Kind war/hatte er/sie ... . Er/Sie verbrachte viel Zeit mit ... / in ... .
Er/Sie hatte ein sehr gutes Verhältnis zu ... .
Der Kontakt zu den Eltern war immer gut/kompliziert/angespannt/... .
Die Eltern von ... unterstützten/akzeptierten/lobten/verstanden/nahmen Rükksicht auf ... .
Seine/Ihre Mutter / Sein/Ihr Vater freute sich über ... / ärgerte sich über ... / regte sich über ... auf.
Die Eltern verstanden ihn/sie (nicht besonders) gut / überhaupt nicht.
Es gab oft/nie/manchmal Streit/Krach/Ärger/Probleme/... .

Schreiben Sie in Partnerarbeit eine Geschichte zum Thema „Generationenprobleme". Präsentieren Sie Ihre Geschichten im Plenum und diskutieren Sie.

Begegnungen

Ich war 17. Damals nahm ich die Schule nicht so ernst.

Es gibt im Leben Menschen, die bleiben für immer in Erinnerung. Egal, ob wir sie lange kannten oder nur einen Augenblick gesehen haben – wir vergessen sie nie!

Ergänzen Sie die Verben im Präteritum.

Michael, 44: Ich ________________ (sein) 17. Damals ________________ (nehmen) ich die Schule nicht so ernst. In der 11. Klasse ________________ (bekommen) wir einen neuen Lateinlehrer. Er ________________ (sein) nett und ________________ (haben) ein gutes Verhältnis zu allen Schülern. Er ________________ (sprechen) immer ruhig und ohne Aufregung und ________________ (geben) uns das Gefühl von Geborgenheit und Zuversicht. In der Klasse ________________ (diskutieren) wir oft über aktuelle Themen und auch über Themen, die nicht zum Unterricht ________________ (gehören). Er ________________ (behandeln) uns wie Partner, ________________ (verstehen) unsere Probleme und ________________ (setzen) uns nicht unter Druck. Er ________________ (aufgeben) auch nicht allzu viel Hausaufgaben ________ . Zum ersten Mal ________________ (machen) mir die Schule Spaß und ich war jedes Mal richtig traurig, wenn der Lateinunterricht ________________ (ausfallen).

Welche Menschen haben Sie beeinflusst? Erzählen Sie.

Als ich ... war, kannte/hatte/lernte ich ... kennen.
Er/Sie war/hatte ... .
Er/Sie sah ... aus, trug ... .
Damals war/hatte/wohnte/lebte/ging ... ich ... .
Einmal fuhr/ging/traf ich ... .

Berichten Sie im Plenum über eine berühmte Persönlichkeit aus Ihrem Land.
Wie beeinflusste dieser Mensch, seine Taten und Worte die Zeitgenossen und die späteren Generationen?
Beantworten Sie Fragen zu Ihrem Bericht.

Als Präsident in einem Schloss braucht man eine zuverlässige Sekretärin und gute Berater.

Lebensansprüche

Was braucht man für ein Leben als ...?

Als Präsident/Präsidentin in einem Schloss ...
Als Globetrotter auf einem Segelboot ...
Als Manager/Managerin und Single in einer Penthouse-Wohnung ...
Als Handwerker/Handwerkerin in einer Kleinstadt ...
Als Rechtsanwalt/Rechtsanwältin in einem großen Haus ...
Als Künstler/Künstlerin in einer alten Fabrik ...
Als Umweltschützer/Umweltschützerin in einer Berghütte ...

Bilden Sie Sätze wie im Beispiel und verwenden Sie die unten angegebenen Adjektive und Substantive.

toll eigen
schick stark
treu genau
zuverlässig
teuer kompetent
modern gut
interessant
erfahren fest
groß
kreativ

Wetter Berater
Auto Wind
Partner Landkarten
Geduld Werkstatt
Computer Büro
Freunde Ideen
Schuhe
Sekretärin Hund
Klamotten

Ich möchte gern als ... .
Dafür brauche ich einen ...-en / ein ...-es / eine ...-e /...-e ... .
Außerdem möchte ich ... haben.
Ein/Eine ... braucht/benötigt zum Leben ... .
Ein ...–er / Ein ...–es / Eine ...–e / Ein paar / Viele ...–e ist/sind notwendig/wichtig.

Welches Leben möchten Sie führen? Was brauchen Sie dafür?

Einigen Sie sich in Gruppenarbeit auf einen „Lebensstil". Was brauchen Sie dafür? Verwenden Sie Ihre Notizen. Präsentieren Sie Ihren Lebensstil als Collage im Plenum.

Eigenschaften

Ich mag zuverlässige Menschen, aber ich mag keine ungeduldigen Menschen.

Wir beurteilen andere Menschen nach ihren Eigenschaften. Auf welche Eigenschaften legen wir besonders viel Wert? Welche Eigenschaften an Menschen mögen wir? Welche stoßen uns eher ab?

Welche Eigenschaften finden Sie positiv, welche negativ? Bilden Sie Sätze wie im Beispiel.

sachlich, nüchtern	impulsiv
selbstbewusst	kontaktfreudig
tatkräftig, aktiv	tolerant
entschlossen	ausgeglichen
temperamentvoll	kompromissbereit
anpassungsfähig	optimistisch
zuverlässig	freundlich
schlagfertig	ungeduldig
kreativ	hilfsbereit
intelligent	autoritär
vielseitig	unsicher
ehrgeizig	aggressiv
taktlos	egozentrisch
vorsichtig	ängstlich

Welche Freunde/Freundinnen/Arbeitskollegen/Arbeitskolleginnen wünschen Sie sich?

Ich wünsche mir ... Menschen als Freunde/Freundinnen.
Ich schätze/respektiere ... Arbeitskollegen/Arbeitskolleginnen.
Mir gefallen/imponieren ... Menschen.
... Menschen sind in der Regel / meistens gute/richtige Freunde/Freundinnen/Arbeitskollegen/Arbeitskolleginnen.
Ich mag keine ...-en Menschen, denn sie sind oft schlechte/unzuverlässige Freunde/Freundinnen/Arbeitskollegen/Arbeitskolleginnen.

In jeder Firma, in jedem Betrieb gibt es Kollegen und Kolleginnen mit unterschiedlichen Charaktereigenschaften. Es gibt zuverlässige und kreative, unsichere und ängstliche. Ein guter Chef / Eine gute Chefin sollte die Stärken und Schwächen seiner/ihrer Mitarbeiter und Mitarbeiterinnen kennen, nur so kann er/sie die Einzelnen richtig einsetzen. Erstellen Sie in Gruppen Tipps für Führungskräfte: Welche Mitarbeiter/Mitarbeiterinnen kann man wie und wo einsetzen, um bessere Ergebnisse zu erzielen? Präsentieren Sie Ihre Tipps im Plenum.

Ich mag langes glattes Haar. Eine tiefe Stimme finde ich erotisch.

Was finden Sie schön?

Jede(r) will möglichst gut aussehen. Frauen möchten schlank sein, Männer muskulös. Angeblich. Aber sind Äußerlichkeiten wirklich so wichtig? Schließlich ändern sich Schönheitsideale alle paar Jahre. Vielleicht ist Schönheit ja auch Geschmackssache!?

Bilden Sie Sätze wie im Beispiel.

		blond___		
		klein___	Lippen	
		gewellt___	Mund	
		lang___	Ohren	
		glatt___	Haar	
	einen	rund___	Hände	
Ich mag	ein	voll___	Nase	schön, sympathisch, erotisch.
Ich finde	eine	schmal___	Beine	
	-	ho(c)h___	Zähne	
		lockig___	Haut	
		weiß___	Gesicht	
		strahlend___	Hals	
		ungeschminkt___	Figur	
		sportlich___	Stimme	
		tief___	Augen	

Beschreiben Sie sich selbst oder eine fiktive Person. Sind Sie mit Ihrem Aussehen / dem Aussehen der Person zufrieden? Was möchten Sie ändern?

Ich habe ... / Er/Sie hat ... .
Mein(e)/Sein(e)/Ihr(e) ... ist/sind ... .
Ich / Mein Freund / Meine Freundin / Meine Freunde finde/findet/finden meinen/mein/meine / seinen/sein/seine / ihren/ihr/ihre ... besonders hübsch/schön/erotisch.
Ich bin eigentlich ganz zufrieden mit meinem Aussehen, nur ... .
Er/Sie ist eigentlich ganz zufrieden mit seinem/ihrem Aussehen, nur ... .
Ich finde mich / meinen/mein/meine ... viel zu ... .
Er/Sie findet sich / seinen/sein/seine / ihren/ihr/ihre ... viel zu ... .

Sie sind Gastgeber einer Talkshow zum Thema: „Was heißt hier schön?“
Einigen Sie sich in Gruppen auf drei Gäste.
Welche Themen und Probleme möchte Sie mit Ihren Gästen besprechen? Schreiben Sie eine Liste mit thematischen Schwerpunkten und inszenieren Sie die Talkshows im Plenum.

Lieblingsfarben

Ich schließe meine Augen und sehe grüne Bäume und grünes Gras.

Farben sind schön. Farben sind wichtig. Grün, Blau, Rot – Farben bringen Abwechslung in unser Leben.

Ergänzen Sie die Adjektivendungen.

Thomas, 56: Meine Lieblingsfarbe ist Grün. Grün macht mich munter. Grün bedeutet für mich den Anfang, den Frühling. Ich schließe meine Augen und sehe grün___ Bäume, grün___ Gras. Das ist sehr schön!

Christa, 74: Meine Lieblingsfarbe ist Blau. Der blau___ Himmel und das blau___ Wasser. Das ist die Nordsee. Hier bin ich zu Hause.

Anna, 33: Ich mag Rot. Rot ist eine kräftig___ Farbe. Ich trage gern rot___ Sachen, zum Beispiel ein rot___ Kleid und einen rot___ Pullover.

Petra, 34: Viele sagen, Schwarz wirkt negativ auf Menschen. Aber ich mag die schwarz___ Farbe. Eine schwarz___ Hose oder ein schwarz___ Rock sehen immer elegant aus. In meiner Wohnung stehen ein schwarz___ Ledersofa und ein schwarz___ Bücherregal. Außerdem hat mein Freund schwarz___ Haare. Und das finde ich sehr schön!

Simone, 47: Ich wohne in einer Großstadt. Hier dominiert das Grau. Grau___ Straßen, grau___ Häuser, grau___ Beton. Das macht mich müde. Meine Lieblingsfarben sind Gelb und Rot. Das sind typisch___ Herbstfarben. Ich mag rot___ und gelb___ Bäume im Herbst. Dann ist die Stadt auch ganz anders. Bunt!

Welche Farben mögen Sie? Was gefällt Ihnen (nicht)?

Ich mag/finde ... (sehr) schön.
Die ... Farbe macht mich/Menschen müde/munter/aggressiv/depressiv.
Die ... Farbe wirkt positiv/negativ/... auf mich/Menschen.
Ich trage gern ...-e Sachen.
Mir gefällt/gefallen ein/eine/- ...-er/...-es/...-e ... (sehr) gut / gar nicht.
Ich finde einen/ein/eine ...-en/...-es/...-e ... schön/hässlich.

Einigen Sie sich in Gruppen auf 5 bis 7 Farben. Wie wirken diese Farben auf Sie? Notieren Sie. Besprechen Sie Ihre Notizen in Gruppen.
Präsentieren Sie Ihre Ergebnisse als Collagen im Plenum.

Fröhlicher, gut aussehender Mann ohne schlechte Gewohnheiten sucht eine harmonische Beziehung mit einer hübschen, häuslichen Partnerin.

Partner fürs Leben gesucht

In beinahe jeder Zeitung oder Zeitschrift gibt es Bekanntschaftsanzeigen. Menschen suchen auf diese Weise einen Partner für eine persönliche Beziehung.

Christian, 38/178, Steinbock, schlank, dunkelhaarig, sehr vielseitig, gutes Einkommen, Haus- und Autobesitz, kinderlieb, Nichtraucher, Hobbys: Wandern, Fotografieren, Malen, sucht eine Partnerin: zwischen 30 und 35, hübsch, häuslich, aktiv, sportlich.

Sandra, 25/167, Jungfrau, schlank, dunkelblond, sportlich, Musik liebend, gute Hausfrau, anpassungsfähig, sucht einen Partner zwischen 25 und 35, kultiviert, seriös, ungebunden. Meine Hobbys: Musik, Reisen, gemütlich zu Hause sein, Familie.

Andreas, 45/181, Skorpion, Geschäftsführer, gutes Einkommen, unternehmungslustig, gut aussehend, brünett, sucht Sie, zwischen 30 und 40, blond, treu, ehrlich, mit Sinn für Humor und vielseitigen Interessen. Schreib mir mit Foto an ...

Verena, 39/165, hübsch, schlank, elegant, niveauvoll, phantasievoll, Akademikerin, wünscht Begegnung mit kultiviertem Akademiker (40 bis 50 Jahre, gut situiert, ungebunden, seriös). Du sollst unternehmungslustig, einfühlsam, fröhlich, weltoffen sein und Interesse an Kunst und Architektur haben. Zuschriften an ...

Schreiben Sie die Anzeigen wie im Beispiel um und verwenden Sie dabei möglichst viele attributive Adjektive.

Nette / Gut aussehende / Schlanke / ... Sie mit ... sucht ... .
Sportlicher / Gut situierter / Dunkelhaariger / ... Er mit/aus ... sucht ... .
Hübscher/Schlanker/... Wassermann/Schütze ... sucht ... .
Ich bin ein häuslicher/aktiver/temperamentvoller ... Typ.
Wenn du ... magst, melde dich.

Schreiben Sie selbst eine Bekanntschaftsanzeige, beschreiben Sie sich und Ihre Wünsche möglichst genau und ausführlich.

Besprechen Sie Ihre Anzeigen in Partnerarbeit, beraten Sie einander. Wie könnte man die Anzeigen noch lebhafter und interessanter gestalten?
Stellen Sie die Anzeigen im Plenum für die Kurszeitung zusammen.

Heimat

Heimat ist für mich ein schönes Gefühl von enger Verbundenheit mit meiner Familie, mit meinen Freunden.

Heimat ist kein Ort, Heimat ist eher ein Gefühl. Je mehr Menschen, umso mehr „Heimat“-Bilder. Hier sind einige davon.

Ergänzen Sie die Adjektivendungen.

Kira, 27: Heimat ist für mich ein schön___ Gefühl von eng___ Verbundenheit mit meiner Familie, mit meinen Freunden. Ich erinnere mich oft an den typisch___ Geruch in unserer klein___ Küche, wenn meine Mutter für uns ihren lecker___ Käsekuchen gebacken hat.

Daniela, 58: Für mich ist Heimat eine klein___ Stadt am hoh___ Rheinufer. Und Heimat ist auch eine alt___ Kirche und ein alt___ Friedhof, umgeben von einem schön___ Wald.

Werner, 34: Heimat bedeutet für mich das gemütlich___ Elternhaus im Schwarzwald. Aber auch ein alt___ Apfelbaum in unserem Garten, viele weiß___ Schiffe auf dem Rhein, laut___ Möwen und stark___, frisch___ Wind.

Isabell, 19: Wenn ich an meine Heimat denke, dann kommen mir lustig___ und traurig___ Geschichten in den Sinn, meine Mutter hat sie mir vorgelesen. Ich denke auch an die Alpen, an die schön___ Natur, an malerisch___ Landschaften, an bunt___ Blumenwiesen im Frühling und an blau___ Himmel mit leicht___ weiß___ Wolken.

Andreas, 41: Ich bin in einem kleinen Dorf in Oberbayern aufgewachsen. Heimat ist für mich ein besonder___ Dialekt - meine Großeltern haben ihn gesprochen. Heimat sind die laut___ Stimmen von meinen jünger___ Geschwistern und der schön___ Kirchglockenklang am Sonntag. Heimat ist einfach ein schön___ Bild wie aus einem alt___ Kinderbuch, eine schön___ Erinnerung an meine sorglos___ Kindheit.

Woran denken Sie, wenn Sie das Wort „Heimat“ hören?

Heimat ist für mich Für mich gehört zu „Heimat“	ein ...-er ... / der ...- e ... ein ...-es ... / das ...-e ... eine ...-e ... / die ...-e ... - ...-e ... / die ...-en ...
Unter „Heimat“ verstehe ich Wenn ich an Heimat denke, dann denke ich an / dann sehe/höre/rieche ich	einen ...-en ... / den ...-en ... ein ...-es ... / das ...-e ... eine ...-e... / die ...-e ... - ...-e ... / die ...-en ...

**Zeichnen Sie ein Bild (schematisch), das Ihre persönliche „Heimat“ darstellt.
Stellen Sie Ihr Bild im Plenum vor und beantworten Sie Fragen dazu.**

Ein schöner sonniger Frühlingstag ist auf jeden Fall lebenswert.
Ein langes Leben ohne schwere Krankheiten und Sorgen ist mein sehnlichster Wunsch.

Lebenswert

Was macht das Leben lebenswert?

Ergänzen Sie die Adjektivendungen und bilden Sie Sätze wie im Beispiel.

ein schön___ sonnig___ Frühlingstag
ein lang___ Leben ohne schwer___ Krankheiten und Sorgen
ein verständnisvoll___ Partner, der immer für mich da ist
viele lachend___ Kinder um mich herum
eine schick___ Penthouse-Wohnung mit einer fantastisch___ Aussicht
ein klein___ Haus im Grünen
eine toll___ Villa an der Meeresküste
ein lukrativ___ Job mit gut___ Karrieremöglichkeiten
ein teu(e)r___ Auto
ein schön___, weiß___ Segelboot
ein gut___ Freund
ein interessant___ Buch, das mich alles um mich herum vergessen lässt
eine laut___ Party mit Freunden
ein neu___ Computerspiel
ein schön___ Traum, den ich festhalten möchte
ein groß___ Blumenstrauß, den du mir zum Geburtstag geschenkt hast

Was macht das Leben für Sie lebenswert?

Ein/Eine ...-er/...-es/...-e ... | ist für mich sehr wichtig. / spielt eine große Rolle für mich. / ist auf jeden Fall/bestimmt lebenswert.

Ein/Eine ...-er/...-es/...-e ... mit einem/einer ...-en ... ist mein großer Wunsch.

Mein sehnlichster Wunsch / Mein größter Traum | ist ein/eine ...-er/...-es/...-e ... . / sind ...-e ... .

Fertigen Sie in Gruppen Collagen zum Stichwort „Lebenswert“ an. Stellen Sie Ihre Collagen im Plenum vor.

Neid

Anna ist hübscher, dünner und intelligenter als ich.

Neid - jeder weiß, wie eklig dieses Gefühl sein kann. Die anderen sind angeblich klüger, sehen besser aus, haben es leichter – gemein! Kann man da etwas ändern?

Ergänzen Sie die Komparativformen.

Petra, 16: Ich bin neidisch auf meine Schwester. In unserem Dorf heißt es nur: „Anna und ihre Schwester". Niemand kennt meinen Namen. Keiner nimmt mich ernst. Meine Schwester ist _______________ (hübsch), _______________ (dünn) und _______________ (intelligent) als ich. Auch unsere Mutter lobt meine Schwester _______________ (oft) als mich, obwohl ich in der Schule _______________ (gut) und _______________ (fleißig) bin. Sie kann _______________ (lang) aufbleiben und darf _______________ (spät) nach Hause kommen. Ich fühle mich total benachteiligt. Hat unsere Mutter Anna etwa _______________ (gern) als mich?

Katrin, 29: Vor ein paar Jahren hatte ich eine Freundin. Sie kam bei anderen irgendwie _______________ (gut) an als ich. Sie hatte _______________ (viel) Geld, ihre Klamotten waren _______________ (schick). Sie war _______________ (selbstbewusst), hatte _______________ (viel) Witz und Intelligenz. Alle Menschen waren zu ihr _______________ (nett) als zu mir. Und da war ich natürlich neidisch.

Christian, 32: Kein Mensch ist frei von Neid. Aber wenn man seine Stärken _______________ (genau) kennt, kann man Neidgefühle _______________ (leicht) kontrollieren. Man muss nicht immer _______________ (gut), _______________ (schnell) und _______________ (erfolgreich) als andere sein. Ich war mal neidisch auf meinen Freund Nick, weil er _______________ (locker) und _______________ (souverän) mit Menschen umgehen konnte als ich. Aber seit ich eine Freundin habe, die zu mir steht, fühle ich mich _______________ (wohl) in meiner Haut. Ich bin viel _______________ (stark) und _______________ (selbstbewusst) geworden.

Auf wen sind/waren Sie mal neidisch? Warum?

Ich bin/war mal neidisch auf ..., weil er/sie ... .
Er/Sie ist/war viel/wesentlich/etwas intelligenter/stärker/netter/jünger/... als ich.
Er/Sie kann/konnte besser/schneller/leichter/höher/... ... als ich.
Er/Sie darf/durfte öfter/später/seltener/... ... .
Alle finden/fanden ihn/sie netter/hübscher/... ... . Dafür kann ich schöner/länger/lauter/... ... .

Notieren Sie 5 Punkte, in denen Sie Ihrer Meinung nach anderen überlegen sind. Suchen Sie in Gruppen weitere Punkte, in denen Sie bzw. Ihr(e) Partner(in) „besser" sind. Präsentieren Sie die Ergebnisse im Plenum.

Politiker sollen jünger und offener sein.

Politiker: Wunsch und Wirklichkeit

Die Politiker verlieren immer mehr an Vertrauen. Immer mehr Menschen haben eine eher negative Meinung über Politiker. Die Kritikpunkte sind: Politiker lassen sich, umringt von Bodygards, von Termin zu Termin chauffieren und haben wenig Ahnung vom richtigen Leben und von ihrem Fach. Die Politiker sollen sich ändern. Sie sollen engagierter, aufrichtiger und kompetenter werden, dann können mehr Menschen ihnen Vertrauen schenken.

Ergänzen Sie die Adjektive im Komparativ.

Politiker sollen ________________ (menschlich) sein.
Sie sollen ________________ (gut) reden können.
Sie sollen ________________ (lustig) sein und Witze erzählen können.
Politiker müssen ihre Argumente ________________ (verständlich) vorbringen.
Sie sollen ________________ (jung) und ________________ (offen) sein.
Sie sollen sich ________________ (stark) engagieren.
Vor allem müssen Politiker ________________ (viel) Fachwissen haben.
Viele Menschen meinen, Politiker sollen ________________ (gut) aussehen.
Politiker sollen ________________ (ehrlich) sein und nicht um den heißen Brei herum reden.

Wie soll ein Idealpolitiker sein?

Ein Idealpolitiker ist mehr/besser/weniger/öfter/... .
Politiker sollen kompetenter/flexibler/... sein.
Mir gefallen Politiker, die schneller/aktiver/engagierter/... sind/reden/handeln/... .
Mir gefällt zum Beispiel ... . Er/Sie ist/redet/handelt/... schneller/ehrlicher/engagierter/... ... .

Einigen Sie sich in Gruppen auf zwei bis drei Ihrer Meinung nach gute Politiker. Was fehlt diesen Politikern noch? Womit können sie ihre Chancen bei den Wählern erhöhen? Präsentieren Sie Ihre Ergebnisse im Plenum.

Englisch statt Deutsch

Außerdem sind die meisten englischen Wörter eleganter, klarer und genauer als deutsche Entsprechungen.

Früher war die Anglisierung der deutschen Sprache nur auf einzelne Bereiche beschränkt, vor allem auf den Computerbereich. Heute sind viele Lebensbereiche davon betroffen, z.B. Musik, Werbung, Mode, Tourismus, Wirtschaft, Wissenschaft usw. Warum gebrauchen wir englische Wörter so gern?

Ergänzen Sie die Adjektive im Komparativ.

Der wichtigste Grund ist eigentlich die Notwendigkeit. Es gibt immer ____________ (oft) neue Sachen, und sie bringen neue Namen mit sich. Irgendwie muss man das Fastfood ja nennen. Es gibt kein deutsches Wort dafür. Also ist es ____________ (praktisch), sich für das englische Wort zu entscheiden.
Außerdem sind sie meisten englischen Wörter ____________ (elegant), ____________ (klar) und ____________ (genau) als deutsche Entsprechungen. Stress ist ____________ (kurz) als Anstrengung, Campus klingt ____________ (gut) als Hochschulgebäude. Das macht diese Wörter ____________ (attraktiv).
Englische Wörter haben eine gewisse Aura, sie klingen ____________ (modern). Ich nehme diese Wörter in den Mund und wirke ____________ (jung), ____________ (dynamisch), ____________ (sportlich).
Die Wörter Jogging und Walking motivieren anscheinend die jungen Leute ____________ (viel) als die langweiligen deutschen Wörter Laufen und Gehen. Als das Mountain Bike die deutschsprachigen Länder eroberte, kam niemand auf die Idee, es „Bergrad“ zu nennen, weil das englische Wort viel ____________ (schick), ____________ (leicht) und ____________ (fein) klingt. Der Double Color Lipstick mag ____________ (teuer) sein, man kauft ihn trotzdem ____________ (gern) als einen zweifarbigen Lippenstift.

Verwenden Sie oft englische Wörter? In Ihrer Muttersprache? Wenn Sie deutsch sprechen? Wie ist der Trend?

Bei uns verwendet man immer öfter / seltener / viel lieber englische Wörter, weil ... .
Ich finde englische Wörter (viel/wesentlich) praktischer/bequemer/... als deutsche Wörter.
Ein englisches Wort ist oft/meistens/manchmal kürzer/schicker/eleganter/... als seine deutsche Übersetzung.
Man wirkt selbstbewusster/dynamischer/moderner/..., wenn man englische Wörter benutzt.

Sollen die Behörden die jeweiligen Landessprachen erhalten und darauf bestehen, dass die Bevölkerung statt englischen Wörtern muttersprachliche Äquivalente gebraucht? Notieren Sie in Gruppen Pro- und Contra-Argumente. Diskutieren Sie im Plenum.

Die Leute in Deutschland sind viel ruhiger, zurückhaltender als in Italien.

Fremd in Deutschland

Viele Menschen leben in einem fremden Land und beobachten täglich fremde Sitten und Bräuche, erleben hautnah fremde Kultur. Dadurch können sie vergleichen, sich selbst erfahren, sich selbst besser kennen lernen.

Ergänzen Sie die Komparativformen.

Laura aus Italien, 20: Ich bin an der Uni in München. Die Leute in Deutschland sind viel ____________ (ruhig), ______________ (zurückhaltend) als in Italien. Andererseits ist hier eine Freundschaft viel ______________ (tief).

Jonathan aus den USA, 47: In Deutschland sind die Wohnverhältnisse ____________ (eng) als in den USA. Die Kühlschränke sind ______________ (klein). Man geht ___________ (oft) einkaufen. Auf der Straße fährt man _____________ (schnell) als in Amerika. Die Autos sind ____________ (gut). Man sagt jemandem __________ (offen) die Meinung.

Anna aus Bulgarien, 19: Deutsche Jugendliche küssen sich ____________ (oft) auf der Straße, sind viel ____________ (locker), _________________ (offen) als in Bulgarien. Aber sie sind auch viel _________________ (interessiert) und _____________ (neugierig).

Mirko aus Italien, 36: Die italienischen Frauen sind ______________ (fleißig) im Haushalt.

Kirill aus Russland, 43: Russen sind ______________ (freundlich) zu den Fremden als Deutsche. Ich finde, deutsche Jugendliche sind ________________ (egoistisch) als ihre Altersgenossen in Russland. Aber sie kleiden sich viel ____________ (modisch), sind ___________ (diszipliniert), ____________ (ordentlich).

Lee aus England, 20: Sport ist für die Deutschen __________________ (wichtig) als für uns. Sie fahren auch ____________ (oft) ins Ausland als die Engländer.

Wie sehen Sie die Deutschen im Vergleich zu Ihren Landsleuten?

Die Deutschen sind viel/wesentlich/kaum ... als ... .
Sie haben mehr/weniger/öfter/seltener ... .
Sie können allerdings/dagegen/aber ... .
Die Deutschen arbeiten/essen/feiern ... öfter/mehr/fleißiger/weniger/seltener/... .

Worüber wundern sich Fremde/Touristen in Ihrem Land? Was fällt ihnen besonders auf?
Machen Sie Interviews in Gruppen. Notieren Sie Stichpunkte.
Berichten Sie im Plenum.

Männersache

Frauen spielen langsamer, aber sie spielen viel schöner.

Viele glauben, Fußball und Frauen gehören einfach nicht zusammen. Viele Männer finden Frauenfußball nicht attraktiv. Doch immer mehr Frauen entdecken diese neue Sportart für sich und sind der Meinung: Fußball ist nicht nur Männersache.

Ergänzen Sie passende Komparativformen.

Elke, 28: Ich denke, Männerfußball und Frauenfußball kann man nicht vergleichen. Die Männer sind einfach ______________ . Aber die Frauen sind mittlerweile in ihrer Technik und Taktik viel ______________ als früher. Frauen spielen ______________ , aber sie spielen viel ______________ . Die Männer sind ______________ auf Kampf eingerichtet, und die Frauen auf Technik. Wir sind zwar ______________ und ______________ , aber wir spielen ______________ als unsere männlichen Kollegen. Leider ist der Männerfußball viel ______________ als Frauenfußball, deswegen werden die Männer ______________ finanziert. Das ist entmutigend. Aber ich denke, der Frauenfußball hat eine gute Zukunft. Die Situation wird bestimmt ______________ und die Stadions ______________ .
(stark, weit, langsam, schön, viel, schwach, zart, phantasievoll, populär, gut, gut, voll)

Matthias, 39: Fußball ist doch kein Frauensport. Im Fußball geht es oft viel ______________ zu als in anderen Sportarten, wie zum Beispiel Volleyball oder Handball. Frauen können sich ______________ verletzen. Sie sind doch viel ______________ als Männer.
Und wenn eine Frau ______________ Muskeln hat als unbedingt nötig, finde ich das gar nicht schön. (hart, leicht, schwach, viel)

Peter, 56: Frauen verstehen doch nichts von Fußball! ______________ hat es so was nicht gegeben. Was wollen die Frauen beweisen? Dass sie nicht ______________ können als wir Männer? Frauen sollen ______________ turnen oder Eiskunst laufen. (früh, wenig, gern)

Gibt es reine Männersportarten und reine Frauensportarten?

Ich glaube, Frauen sind (fast) genau so schnell/stark/... wie Männer, also können sie ... .
Meiner Meinung nach dürfen/können/sollen die Frauen (nicht) ..., weil sie schwächer/zarter/langsamer/... sind/spielen/laufen/... .
Ich finde, ... ist nichts für Frauen, weil dieser Sport (viel) härter/brutaler/schwerer/... ist als andere Sportarten.

Sie bereiten eine Talkshow zum Thema „Frauen in Männersportarten" vor. Einigen Sie sich in Gruppen auf 3 bis 4 Gäste, notieren Sie Schwerpunkte und Fragen an Ihre Gäste. Inszenieren Sie die Talkshows im Plenum.

Frauen sollten größeres Vertrauen in die eigenen Kräfte besitzen, einen stärkeren Glauben an sich selbst.

Frauen in technischen Berufen

Frauen sind im Bereich Technik nichts Ungewöhnliches mehr. Doch Technik bleibt nach wie vor die traditionelle Männerdomäne. Frauen, die in einem technischen Beruf bestehen wollen, brauchen eine gehörige Portion Selbstvertrauen und natürlich auch Durchsetzungsvermögen - oft mehr als ihre männlichen Kollegen.

Ergänzen Sie die Komparativformen.

Britta, 54: Frauen sollen ______________ (groß) Vertrauen in die eigenen Kräfte besitzen, einen ______________ (stark) Glauben an sich selbst. Frauen haben oft ein ______________ (gering) Selbstwertgefühl, ein ______________ (gering) Durchhaltevermögen bei Schwierigkeiten.

Dagmar, 43: Heutzutage haben Frauen oft ______________ (gut) Qualifikationen als Männer und eine ______________ (hoch) soziale Kompetenz.

Moritz, 28: Viele Frauen denken, technische Berufe sind schwierig. Sie möchten also einen ______________ (leicht) Beruf, einen ______________ (flexibel) Arbeitstag, einen ______________ (lang) Urlaub. In erster Linie wegen der Kinder. Bei manchen Berufen spielt der ______________ (groß) körperliche Einsatz eine Rolle. Aber Frauen haben doch keinen ______________ (schlecht) Kopf als Männer.

Markus, 39: Gegenüber ______________ (früh) Zeiten hat sich viel geändert. In manchen Betrieben sind Frauen als ______________ (ausgeglichen) und ______________ (stabil) Arbeitskolleginnen besonders erwünscht. Aber Probleme und Vorurteile gibt es immer noch.

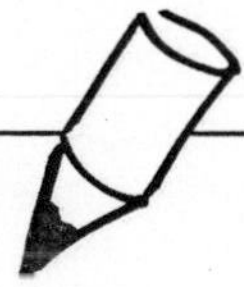

Frauen haben/besitzen/verfügen oft / nicht selten

				Kondition
		besser		Interesse für ...
		höher		Kompetenz
	einen	schneller	-en	Kopf
über	ein	breiter	-es	Kenntnisse
	eine	stärker	-e	Geduld
	-	größer		Engagement
				Chancen
Frauen sind		bessere/nettere/ruhigere/...		Arbeitskollegen.

Wo sehen Sie die Gründe dafür, dass Frauen in technischen Berufen immer noch schlechtere Chancen haben?

Wie sieht die Situation bei Ihnen aus? Machen Sie in Gruppen Interviews und notieren Sie Stichpunkte. Fassen Sie die Ergebnisse in einer Tabelle zusammen. Präsentieren Sie die Tabellen im Plenum.

Die Jugend von heute

Die moderne Gesellschaft stellt höhere Anforderungen an junge Menschen, aber sie bietet kaum besseren Schutz und größere Sicherheit.

Die junge Generation hat heute größere Chancen und Freiheiten als früher, aber auch mehr Probleme. Moderne Jugendliche leiden oft unter stärkerem Leistungsdruck und Konkurrenzkampf. Die Folgen: Drogen, Kriminalität, Prostitution.

Ergänzen Sie die Adjektive, wo nötig, im Komparativ.

Isabell, 18: Eltern und Lehrer meinen, wir sind verwöhnt und motivationslos. Sie kritisieren unseren ______________ (locker) Umgang und unser ______________ (lässig) Outfit. Sie wollen, dass wir brav und ordentlich sind. Aber sie meinen hauptsächlich nur Äußeres. Die moderne Gesellschaft stellt ______________ (hoch) Anforderungen an junge Menschen, aber sie bietet kaum ______________ (gut) Schutz und ______________ (groß) Sicherheit als in ______________ (früh) Zeiten. Im Gegenteil. Es gibt einen ______________ (hart) Konkurrenzkampf und eine ______________ (hoch) Arbeitslosigkeit. Wir müssen immer kämpfen, um im ______________ (spät) Leben etwas zu erreichen.

Werner, 51: Die Jugendlichen von heute legen ein ______________ (auffällig) Verhalten an den Tag als wir früher, haben ______________ (stark) Depressionen, ______________ (groß) Neigung zu Gewalttätigkeit, Drogen- und Alkoholkonsum. Man spricht von der ______________ (hoch) Kriminalitätsrate. Es gibt Studien über ______________ (hoch) Zahlen von Jugendlichen mit Selbstmordgedanken. Das finde ich traurig.

Andreas, 17: Meine Eltern verlangen immer ______________ (gut) Noten von mir und sie finden, ich bin faul und egoistisch und lasse mich nur bedienen. Mit meiner ______________ (früh) Freundin habe ich Schluss gemacht, weil meine Mutter sie ständig kritisiert hat.

Britta, 38: Junge Leute leiden heute unter ______________ (stark) Druck in Bezug auf Aussehen und Verhalten als zu meiner Zeit. Immer ______________ (aufwendig) Styling, immer ______________ (teuer) Klamotten. Aber sie haben ein ______________ (groß) theoretisches Wissen im Bereich Technik, Musik, Sport, Mode und ______________ (breit) Kenntnisse im Bereich von Sexualität und Beziehungen.

Wie beurteilen Sie die Jugend von heute? Wodurch unterscheidet sie sich von den früheren Generationen?

Die heutige Jugend hat	einen ...er-en
Die Jugendlichen von heute haben	ein ...er-es
Kennzeichnend für die moderne Jugend ist/sind	eine ...er-e
Die heutigen Jugendlichen hören/tragen/verfügen über	- ...er-e

...

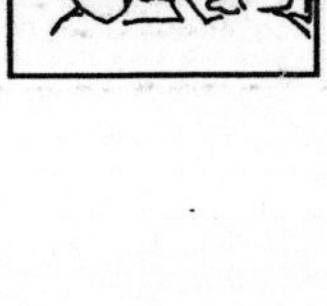

Was hat sich im Vergleich zu früheren Generationen verändert? Tauschen Sie Ihre Meinungen aus. Diskutieren Sie im Plenum.

Ich war immer der schnellste Schwimmer und der beste Taucher.

Die Nummer 1

Ergänzen Sie die Adjektive im Superlativ.

Thomas, 21: Die Ferien verbrachte ich mit meiner Clique auf Sylt. Ich war immer der __________ (schnell) Schwimmer und auch der __________ (gut) Taucher.

Manuel, 18: Ich stehe gern im Mittelpunkt. Wenn irgendwo eine Party steigt, habe ich immer die __________ (verrückt) Ideen und gelte unter Freunden als __________ (gut) Entertainer. Außerdem bin ich der __________ (gut) in Mathe. Ich bin oft der Einzige in der Klasse, der die __________ (schwierig) Aufgaben lösen kann, und ich habe die __________ (groß) CD-Sammlung.

Esther, 26: Momentan bin ich sehr glücklich; vielleicht bin ich sogar der __________ (glücklich) Mensch auf der Welt. Ich bin nämlich verliebt. Mein Freund ist sehr nett. Er ist der __________ (nett) Mensch, den ich je kennen gelernt habe.

Carmen, 24: Ich bin ein optischer Mensch. Ich experimentiere gern mit meiner Kleidung. Ich mag dieses Farblose nicht. Meine Sachen sind immer die __________ (bunt). Zur Zeit arbeite ich als Fotoassistentin. Als ich in der Uni für die Studentenzeitung fotografiert habe, waren meine Bilder die __________ (gut), die __________ (witzig).

In welchem Bereich sind Sie der/die Beste, der/die Größte? Was mögen Sie an sich selbst am liebsten?

Ich bin der/die ...ste in ... .
Ich habe den/das/die ...sten/...ste ... .
Meine beste(n) Eigenschaft(en) ist/sind ... .

Einigen Sie sich in Gruppen auf eine prominente Persönlichkeit. Schreiben Sie eine Lobrede auf diese Person, ohne den Namen zu erwähnen. Lassen Sie die anderen Kursteilnehmer im Plenum raten, um welche Person es sich handelt.

Ein Land mit vielen Superlativen

Frankreich hat die schönsten Museen.

Ergänzen Sie die Adjektive im Superlativ.

Annette, 31: Ich komme aus Frankreich. Ich finde, Frankreich hat die ______________ (schön) Museen. Und Paris ist die ______________ (schön) Stadt der Welt. Auf den Straßen kann man die ______________ (neu) Mode sehen, man kann in Straßencafés sitzen und den ______________ (gut) Wein trinken.

Jose, 22: Ich komme aus Spanien, aus Madrid. Wir haben die ______________ (gut) Fußballmannschaft aller Zeiten. Außerdem sind die Spanier die ______________ (leidenschaftlich) Tänzer. Und wir haben die ______________ (toll) Urlaubsorte, zum Beispiel Mallorca oder Ibiza. Viele Deutsche kommen zu uns und verbringen hier die ______________ (schön) Tage im Jahr.

Raoul, 55: Meine Heimat ist Nepal. Wir haben die ______________ (hoch) Berge. Der Mount Everest ist wohl der ______________ (bekannt) und der ______________ (hoch) Berg der Welt. Nepal hat auch die ______________ (schön) und ______________ (berühmt) Buddhisten-Klöster.

Lucia, 21: Ich bin Italienerin. Ich liebe meine Heimat und ich glaube, wir Italiener, sind die ______________ (nett) Menschen der Welt: offen, lebensfroh. Auch der ______________ (berühmt) Maler, Leonardo da Vinci, kommt aus Italien. Das ______________ (bekannt) Gemälde von ihm, „Mona Lisa“, hängt aber im Louvre in Paris. Das finde ich ein bisschen schade.

Beschreiben Sie Ihr Heimatland mit Superlativen.

Ich komme aus ... .
... ist das schönste/beste Land in der Welt / in Europa.
Der größte/längste/höchste Berg/See/Fluss liegt/heißt ... .
Die schönste Landschaft ist ... .
Wir haben den/die/das ... interessanteste(n)/lustigste(n)/teuerste(n)/ größte(n)/schnellste(n)/älteste(n) ... .
Die meisten ... sind/haben ... .
Die ... sind die freundlichsten/nettesten/intelligentesten/... Menschen.

Sie planen eine Weltreise. Welche Länder bzw. Städte/Orte möchten Sie gern besuchen? Einigen Sie sich in Gruppen auf 8 bis 10 Orte. Begründen Sie Ihre Wahl. Präsentieren Sie im Plenum die Route für Ihre Weltreise in einem Werbeplakat.

Für 85 Prozent ist es wichtig,
die große Liebe zu finden.
Nur 2 Prozent legen Wert darauf,
Macht und Einfluss zu haben.

Die Suche nach dem Sinn

Was ist mir im Leben wichtig? Worauf lege ich Wert?
Eine Statistik über das Lebensgefühl im 21. Jahrhundert.

Bilden Sie Sätze wie im Beispiel.

85% die große Liebe finden, eine Familie gründen
70% offen und ehrlich die eigene Meinung vertreten können
58% Karriere machen, Erfolg im Beruf haben
45% selbst etwas tun, um die Umwelt zu schützen
33% sich für andere Menschen einsetzen
33% eine hohe Allgemeinbildung erreichen
32% ein vielseitiges und abwechslungsreiches Leben führen
29% viel Geld verdienen
22% kreativ, schöpferisch sein, etwas Neues schaffen
19% das Leben genießen, schließlich lebt man nur einmal
2% Macht und Einfluss haben

Was ist Ihnen wichtig?

Es ist mir sehr/ziemlich wichtig, ... zu ... .
Ich lege viel Wert darauf, ... zu ... .
Den Sinn des Lebens sehe ich darin, ... zu ... .
Meiner Meinung nach ist es unwichtig/nebensächlich, ... zu ... .
Für mich ist es selbstverständlich, ... zu ... .
In manchen Situationen ist es entscheidend, ... zu ... .

Machen Sie in Gruppen Interviews zum Thema: „Lebensziele“.
Stellen Sie die wichtigsten Informationen als Statistik/Tabelle zusammen.
Berichten Sie im Plenum über die Gruppenergebnisse und vergleichen Sie.

Glück

Glück bedeutet für mich, etwas Schönes geschenkt zu bekommen.

Ein vierblättriges Kleeblatt, ein guter Arbeitsplatz, ein plötzliches Lob oder ein Lächeln, und das Glück kommt wie von selbst. Ist es wirklich so einfach, glücklich zu sein?

Bilden Sie Sätze wie im Beispiel.

Glück bedeutet für mich, ...

wenn ich etwas Schönes geschenkt bekomme.
wenn ich etwas gewinne.
wenn ich ein vierblättriges Kleeblatt finde.
wenn ich sechs Richtige im Lotto habe.
wenn ich mit mir selbst zufrieden bin.
wenn ich sein darf, wie ich bin.
wenn ich faul im Bett liege und fernsehe.
wenn ich viele Freunde um mich habe.
wenn ich meine Gefühle frei ausdrücken kann.
wenn ich alles aussprechen kann, was mir auf dem Herzen liegt.
wenn ich jeden Tag versuche, andere glücklich zu machen.
wenn ich den Sinn des Lebens finde.
wenn ich den Augenblick genieße.
wenn ich mir keine Sorgen um die Zukunft machen muss.
wenn ich verliebt bin.
wenn ich am Samstagmorgen aufwache und nicht ins Büro gehen muss.
wenn ich auf der Wiese liege, Schmetterlinge beobachte, das Gras rieche und an nichts denke.
wenn ich gesund bin.

Was macht Sie glücklich?

Glück bedeutet für mich, ... zu ... .
Es macht mich glücklich, ... zu ... .
Glücklich sein heißt für mich, ... zu ... .

Stellen Sie in Gruppen eine schriftliche Sammlung von Meinungen zu der Frage „Was bedeutet für Sie Glück“ zusammen. Welche Gemeinsamkeiten haben Sie in Ihren Vorstellungen von Glück? Kommentieren Sie die Ergebnisse im Plenum.

> Es ist viel wichtiger, sich selbst zu akzeptieren, als einen anderen Menschen zu vergöttern.

Vorbilder

Fotomodelle, Schauspieler und Schauspielerinnen, Sportler, Musiker – sind das die Vorbilder, die man hat, wenn man jung ist?

Ergänzen Sie die Sätze.

Matthias, 39: Früher träumte ich davon, eine Mischung aus Sylvester Stallone und John Lennon ______________ . Heute denke ich, es ist sinnlos, Vorbilder ______________ . Es ist viel wichtiger, sich selbst ______________ , als einen anderen Menschen ______________ .
(sein, haben, akzeptieren, vergöttern)

Philipp, 51: Ich finde es albern, irgendwelchen Vorbildern ______________ . Ich versuche so ______________ wie ich bin. Es ist wichtig, die eigene Persönlichkeit ______________ . (nacheifern, sein, entwickeln)

Julia, 19: Zur Zeit habe ich kein Vorbild, aber es gibt Phasen im Leben, da ist es sicher sinnvoll, sich an Vorbildern ______________ . Denn manchmal fällt es wirklich schwer, Entscheidungen ______________ und das Richtige ______________ . Da können Vorbilder helfen. (orientieren, treffen, tun)

Nils, 28: Ich habe verschiedene Rockgruppen zum Vorbild, weil ich selbst Gitarre spiele. Und ich habe mir vorgenommen, später eine Band ______________ . Diesen Traum versuche ich unbedingt ______________ . Ich zwinge mich jeden Tag ______________ .
(gründen, verwirklichen, üben)

Ist es sinnvoll/sinnlos, ein Vorbild zu haben?

Es ist schön/wunderbar/wichtig/schädlich, ... zu ... .
Wenn man ein Vorbild hat, hat man mehr/weniger Chancen / (keine) Lust / die (keine) Möglichkeit, ... zu ... .
Wenn man ein Vorbild hat, träumt man oft davon, ... zu ... .
Man versucht / gibt sich Mühe / nimmt sich vor, ... zu ... .
Es macht (keinen) Spaß, ... zu ... .
Manchmal zwingt man sich, ... zu ... .
Man läuft Gefahr / hat Angst, ... zu ... .

Notieren Sie Argumente pro und contra Vorbilder für Jugendliche. Inszenieren Sie in Gruppen eine Talkshow und präsentieren Sie die Talkshows im Plenum.

Höflich, üblich oder tabu?

Es ist durchaus üblich, über Krankheiten zu sprechen.

Ergänzen Sie die Sätze wie im Beispiel.

Es ist nicht besonders / sehr höflich ...
Es ist nicht üblich ...
Es ist absolut tabu ...
Es ist nicht tabu ...
Es ist durchaus üblich ...
Es ist nicht unhöflich ...

- ▶ über Krankheiten sprechen
- ▶ Komplimente machen
- ▶ über Wetter, Politik oder Essen schimpfen
- ▶ nach dem Partner / der Partnerin bzw. nach der Kinderzahl fragen
- ▶ nach der Religionszugehörigkeit fragen
- ▶ nach dem Alter fragen
- ▶ nach dem Einkommen fragen
- ▶ Geld ausleihen
- ▶ die Meinung frei äußern
- ▶ Lebensmittel und Alkohol verschenken
- ▶ „laut“ essen
- ▶ Gefühle (Wut, Zorn, aber auch Freude) in der Öffentlichkeit zeigen
- ▶ sich in der Öffentlichkeit küssen
- ▶ sich laut schnäuzen
- ▶ laut auf der Straße reden
- ▶ mit dem Partner ohne Augenkontakt reden
- ▶ den Gesprächspartner unterbrechen
- ▶ ein Geschenk zurückweisen
- ▶ die zur Begrüßung ausgestreckte Hand übersehen
- ▶ Unbekannte zum Kaffee einladen

Was gilt bei Ihnen als nicht üblich / unhöflich / tabu?

Es ist unhöflich / nicht üblich, ... zu ... .
... zu ... ist in meiner Heimat nicht direkt tabu, aber unhöflich.
Unter Freunden und im Familienkreis ist es möglich / durchaus üblich / nicht unhöflich, ... zu ... .
Bei uns gilt es als völlig normal, ... zu ... .
Es ist durchaus üblich / nicht üblich, ... zu ..., aber eher im Freundes- und Familienkreis.

Sammeln Sie in Partnerarbeit Informationen über Höflichkeitsrituale in Ihren Ländern. Planen Sie zwei Szenen (eine für das jeweilige Land). Worauf sollen Touristen und Geschäftsleute in Ihren Ländern achten? Präsentieren Sie Ihre Szenen im Plenum.

Ein idealer Lehrer ist in der Lage hervorragend zu erklären.

Ein idealer Lehrer

Wie sieht der ideale Lehrer aus? Freundlich und vertrauenswürdig? Streng, aber gerecht? Ein echter Profi und eine Respektsperson? Oder gibt es den idealen Lehrer gar nicht?

Bilden Sie Sätze wie im Beispiel.

hervorragend erklären - in der Lage sein
versuchen - zu den Schülern - ein gutes Verhältnis schaffen
bereit sein - mit den Schülern - über aktuelle Themen diskutieren
kein Problem haben - Fehler einsehen
sich immer durchsetzen - fähig sein
Zeit haben - auf die Probleme der Schüler - eingehen
nicht versuchen - die Schüler - klein machen oder unter Druck setzen
sich Mühe geben - einen guten Unterricht machen
erreichen - Spaß machen - den Schülern - bei ihm lernen
sich bemühen - nicht allzu viel Hausaufgaben aufgeben
versuchen - die Schüler - fair behandeln
ermuntern - die Schüler - Kritik üben

Wie stellen Sie sich einen idealen Lehrer vor?

Ein idealer Lehrer soll/muss/darf ... .
Er hat kein Problem, ... zu ... .
Ein idealer Lehrer versucht / hat meistens Zeit / gibt sich Mühe, ... zu ... .
Für ihn ist es (nicht) leicht/schwer, ... zu ... .
Er zwingt/verbietet (nicht), ... zu ... .

Jeder Lehrer / Jede Lehrerin träumt von einem idealen Schüler / einer idealen Schülerin. Entwerfen Sie in Gruppen- oder Partnerarbeit ein „Porträt von einem idealen Schüler / einer idealen Schülerin" und stellen Sie das Portrait graphisch (z. B. als Collage) dar. Präsentieren Sie Ihre Porträts im Plenum.

Kontakte knüpfen – ein Problem?

Einige haben Angst,
eine Enttäuschung zu erleben.

In unserer Zeit gibt es immer mehr Menschen, die keinen Partner finden.
Woran liegt das? Warum tun sich manche so schwer, neue Kontakte zu knüpfen und Menschen kennen zu lernen?

Ergänzen Sie die Sätze wie im Beispiel.

Einige haben Angst,
Vielen Menschen fehlt der Mut,
Viele stecken im Berufsstress und haben einfach keine Zeit,
Man wartet oft zu lange auf eine Gelegenheit,
Wer zurückhaltend und schüchtern ist, hat oft Probleme,
Im späteren Alter bekommt man seltener eine Chance,
Man muss sich viel Mühe geben,

- den ersten Schritt machen
- Menschen ansprechen
- Menschen kennen lernen
- ein Gesprächsthema finden
- eine Unterhaltung beginnen
- die Initiative ergreifen
- Kontakt aufnehmen
- Freunde finden
- den richtigen Partner finden
- Vorurteile überwinden
- eine Enttäuschung erleben
- Freundschaften schließen
- mit Fremden ins Gespräch kommen

Ein Bekannter / Eine Bekannte von Ihnen ist erst vor kurzem nach Deutschland gezogen. Er/Sie fühlt sich einsam, möchte jemanden kennen lernen. Geben Sie Tipps.

Nutzen Sie die Gelegenheit, ... zu ... .
Mach den Versuch, ... zu ... .
Verpassen Sie nicht die Chance, ... zu ... .
Such doch eine Möglichkeit, ... zu ... .
Haben Sie keine Angst, ... zu ... .

**Viele Ausländer, aber auch Menschen, die erst vor kurzem ihren Wohnort gewechselt haben, haben das gleiche Problem: Menschen kennen zu lernen.
Was kann man tun? Entwerfen Sie in Gruppen eine Liste von Ratschlägen, um Menschen in so einer Situation zu helfen. Präsentieren Sie Ihre Ratschläge im Plenum.**

Mit 15 darf man in den Ferien täglich acht Stunden jobben, vorausgesetzt, man kann seine Schulpflicht erfüllen.

Volljährig mit 18

Ergänzen Sie die Modalverben.

Jobben ______________ man theoretisch ab 13. Jugendliche ______________ täglich zwei Stunden kleinere Arbeiten erledigen. Sie ______________ zum Beispiel Zeitungen austragen oder babysitten.

Ihre Religion ______________ Jugendliche schon ab 14 selbst bestimmen, d.h. sie ______________ aus der Kirche austreten, wenn sie ______________ .

Mit 15 ______________ man in den Ferien täglich acht Stunden (pro Woche 35 Stunden) jobben, vorausgesetzt, man ______________ seine Schulpflicht erfüllen. Die Minderjährigen ______________ in der Regel nicht an Samstagen oder Sonntagen arbeiten und abends nicht länger als bis 20 Uhr.

Ab 16 ______________ Jugendliche offiziell Bier und Wein kaufen und trinken. Mit einem Mofa ______________ Jugendliche auch erst ab 16 Jahren fahren.
Vom 16. Geburtstag an ______________ man bis Mitternacht im Kino bleiben.
Einen Personalausweis oder Reisepass ______________ man mit 16 haben.
Rauchen in der Öffentlichkeit ______________ man erst ab 16.
Wählen ______________ man auf kommunaler Ebene schon mit 16, ansonsten mit 18.

Den Führerschein bekommt man erst ab 18; Fahrstunden ______________ man schon vorher nehmen. Mit 18 ist man volljährig und ______________ ein Konto eröffnen, Arbeits- und Mietverträge abschließen, heiraten usw.

Was dürfen Jugendliche in Ihrem Land wann machen?

Bei uns dürfen Jugendliche ab ... .
Soviel ich weiß, können sie ... .
Jugendliche in meinem Land können/dürfen (nicht) ... .
Viele/Manche müssen/wollen ... .
Junge Leute können/dürfen erst mit/ab ... Jahren ... .

Bei welchen „Aktivitäten" kann man Ihrer Meinung nach die Altersgrenze herabsetzen bzw. erhöhen? Sammeln Sie in Gruppen Ideen.
Präsentieren und begründen Sie Ihre Vorschläge im Plenum.

Führerschein mit 15?

> Ich bin der Meinung, man soll den Führerschein so spät wie möglich machen, denn Auto fahren kann heute so gefährlich sein.

Autofahren macht mobil. Immer mehr Jugendliche haben schon mit 18 ihren Führerschein. Aber auch mit dem Führerschein ist man noch lange kein perfekter Fahrer. Erst in der Praxis sammelt man Erfahrungen.

Ergänzen Sie die Modalverben.

Angelika, 28: Ich bin der Meinung, man ______________ den Führerschein so spät wie möglich machen, denn Auto fahren ______________ heute so gefährlich sein. Man ______________ doch erst erwachsen werden, und nicht nur physisch, man ______________ Verantwortung übernehmen.

Andreas, 21: Den Führerschein ______________ man eigentlich schon mit 15 machen. Die Jugendlichen von heute ______________ doch alle schon Auto fahren. Ich glaube, ältere Leute über 65 ______________ nicht Auto fahren. Man kriegt doch in dem Alter Augenprobleme, man ______________ sich nicht mehr vollständig konzentrieren. Das ______________ Unfälle verursachen.

Wolfgang, 46: Ich meine, 18 ist schon o.k. Auto fahren im Straßenverkehr ist doch nicht allein Abbiegen oder Parken. Da ______________ man schon etwas von der Technik verstehen. Man ______________ auch kleine Schäden selbst beheben können. Außerdem kostet der ganze Spaß ziemlich viel Geld. Man ______________ lange sparen. Nicht für jeden ______________ die Eltern 1000 Euro hinblättern. Ich habe den Führerschein erst mit 25 gemacht, nach meinem Studium.

Silke, 18: Ich bin jetzt 18. Aber ich denke nicht mal an den Führerschein. Erstens ______________ ich erst mal Geld dafür auftreiben. Zweitens ______________ ich doch jederzeit mit dem Bus oder mit meinem Fahrrad fahren. Manchmal geht das sogar schneller und man ______________ was Vernünftiges für die Umwelt machen.

Wann kann man in Ihrem Land den Führerschein machen? Soll man die Altersgrenze erhöhen oder herabsetzen? Warum?

Bei uns kann man den Führerschein (schon) mit ... machen.
Das finde ich (nicht) gut, denn die Jugendlichen können/müssen in diesem Alter (noch nicht) ... .
Man soll ernsthaft überlegen: Soll man ...? / Wie kann man ...?

Eine Lokalzeitung hat ihre Leser um ihre Meinung zum Thema „Führerschein mit 15" gebeten. Schreiben Sie einen kurzen Bericht für die Zeitung und präsentieren Sie Ihre Berichte im Plenum.

> Als Erwachsener darf man nicht mehr so viele Fehler machen und muss Verantwortung übernehmen.

Erwachsensein

Ergänzen Sie die Modalverben.

Leonardo, 36: Als Erwachsener ______ ich nicht mehr so viele Fehler machen und ______ Verantwortung für mich und meine Familie übernehmen. Jugendliche ______ manchmal auch albern sein. Wenn man jung ist, ______ man öfter genau das machen, wozu man Lust hat.

Robert, 14: Ich mache mir keine Gedanken über das Erwachsenwerden. Man ______ einfach Lebenserfahrung sammeln.

Julie, 21: Erwachsenwerden ist Veränderung. Man ______ endlich frei sein. Man ______ aber auch die Bereitschaft haben, Risiken einzugehen und sich von den anderen nicht einschüchtern zu lassen.

Aaron, 18: Erwachsensein bringt viele Probleme mit sich. Als Jugendlicher hat man natürlich noch nicht so viele Sorgen wie die Erwachsenen. Dafür ______ junge Leute vieles nicht machen. Ich ______ gern schon arbeiten, aber ich ______ Chemie und Latein lernen. Ich ______ gern kreative Sachen machen wie zum Beispiel Filme. Das ______ ich noch nicht. Damit ______ ich noch warten.

Was bedeutet für Sie Erwachsensein? Notieren und vergleichen Sie.

Als Erwachsener muss man vielleicht / kann man bestimmt / darf man kaum ... .
Ich denke, Erwachsene müssen/können/dürfen ... .
Ich glaube, junge Menschen wollen ..., aber sie müssen ... .
Ich möchte ..., dann kann ich / muss ich (nicht) / darf ich ... .

Sammeln Sie in Gruppen die häufigsten Konfliktsituationen zwischen Jugendlichen und Erwachsenen. Inszenieren Sie diese Situationen im Plenum und diskutieren Sie über die Gründe für Streitigkeiten und über mögliche Konfliktlösungen.

Bücher? Nein, danke. In meiner Freizeit möchte ich mich entspannen.

Ist Bücher lesen „out“?

Ergänzen Sie die Modalverben.

Chris, 21: Bücher? Nein, danke. In meiner Freizeit ____________ ich mich entspannen. Ich mache viel Sport, treffe mich mit Freunden. Wenn das Wetter schlecht ist und im Fernsehen nichts Gescheites läuft, ____________ ich ein paar Seiten lesen, einen Krimi oder eine Horrorgeschichte. Die ____________ sehr spannend sein und machen sogar Spaß.

Beate, 48: Ich unterrichte Deutsch an einem Gymnasium. Meinen Schülern sage ich oft: Ihr ____________ mehr lesen! Das tun aber nur wenige. Die meisten ____________ schnell und ohne viel Aufwand ans Ziel kommen. Lesen dauert ihnen zu lange oder sie ____________ zu viel über den Inhalt nachdenken. Und das ____________ sie nicht! Ihre Köpfe sind voll von kurzweiligen Fernsehbildern. Und wenn sie dann in der Schule längere Texte lesen ____________, reagieren sie mit Abwehr. Schade!

Birgit, 23: Bücher! Jedes Jahr gibt es hunderttausende neue Bücher. Und dafür ____________ viele hundert Hektar Wald sterben. Niemand ____________ so viele Zeitungen, Zeitschriften, Bücher brauchen. Man ____________ doch nicht so barbarisch mit der Umwelt umgehen. Nein, da ____________ ich lieber darauf verzichten. Außerdem ____________ man ja jede Information sowieso schon längst im Internet finden, auch Bücher.

Veronika, 17: Ich lese sehr gern. Ein Buch ____________ mich fesseln. Dann ____________ ich stundenlang in meinem Zimmer sitzen und lesen. Und ich ____________ nicht mehr aufhören und ____________ das Buch in einem Zug zu Ende lesen. Ich ____________ unbedingt wissen, wie die Geschichte endet.

Anna, 41: Die jungen Leute von heute ____________ nicht mehr lesen. Sie bevorzugen leichte Unterhaltung. Die meisten sind sogenannte „Medienkinder“ und ____________ nur vor dem Fernseher sitzen. Dabei ____________ sie sich meist nur die Zeit vertreiben. Das moderne Fernsehen ____________ sie auf einfache Weise von allen Problemen ablenken.

Was lesen Sie am liebsten?

Ich lese oft / selten / gern / am liebsten ... .
Ein Buch muss (auf jeden Fall) ... sein.
Es kann von ... handeln.
Es darf aber keinen/kein/keine ... geben und es soll (auf keinen Fall) ... sein.

Wie kann man für junge Leute das Bücherlesen attraktiver machen? Schreiben Sie in Gruppen Empfehlungen für Schulen, Bibliotheken, Buchhandlungen usw. und präsentieren Sie Ihre Texte im Plenum.

Verena möchte ihren Traumurlaub in den Bergen verbringen. Dort kann sie die Ruhe genießen und sie muss nicht viel Wert auf Klamotten legen.

Traumurlaub

In der Karibik unter Palmen oder im Zelt auf dem Matterhorn, in einem Luxushotel in Rom oder Nizza oder unterwegs mit einem Wohnmobil weit entfernt von der Zivilisation: Jeder hat eigene Vorstellungen von einem Traumurlaub.

Bilden Sie Sätze wie im Beispiel.

Verena, 34:
Traumurlaubsort: eine kleine abgelegene Hütte in den Bergen
Traumurlaubsaktivitäten: Ruhe genießen, frische Luft einatmen, die Natur pur erleben, nicht viel Wert auf Klamotten legen, nicht in einem winzigkleinen Hotelzimmer wohnen, nackt in einem Bergbach baden

Andreas, 42:
Traumurlaubsort: ein Campingplatz oder eine einfache Pension am Meeresstrand
Traumurlaubsaktivitäten: einfach mal nichts tun, in der Sonne liegen und braun werden, einen Surfkurs machen, schwimmen und tauchen, nicht auf Manieren achten, flirten, sich nicht bei Stadtrundfahrten stundenlang im Bus herumquälen

Petra, 54:
Traumurlaubsort: ein Luxushotel in einer der Weltmetropolen, z. B Singapur oder Rio de Janeiro
Traumurlaubsaktivitäten: sich verwöhnen lassen, gut essen und trinken, viel fotografieren, nicht den ganzen Urlaub am Strand liegen, etwas für die Weiterbildung tun, sich nicht über Unannehmlichkeiten in einem billigen Hotel ärgern müssen

Wie stellen Sie sich Ihren Traumurlaub vor?

Meinen Traumurlaub möchte ich gern in/auf ... verbringen.
Im Urlaub möchte/will ich nach/in/auf ... fahren/fliegen/reisen.
Da kann ich .... Und ich darf vielleicht ... .
Und ich muss nicht ständig / jeden Tag ... .

Planen Sie einen Gruppenurlaub.
Sammeln Sie in Gruppen Ihre Wünsche und Vorstellungen: Wohin möchten Sie fahren? Wo möchten Sie übernachten, was möchten Sie machen bzw. besichtigen?
Entwerfen Sie ein Wochenprogramm und präsentieren Sie Ihre Programme im Plenum.

Leben im Ausland

Ich möchte nicht gern im Ausland leben, denn da muss ich mich anpassen und das kann ich nicht.

Ergänzen Sie die Modalverben.

Lucia, 27: Ich __________ gern im Ausland leben. Da __________ ich eine andere Kultur kennen lernen. Das finde ich schön. Vielleicht __________ ich im Ausland leichter eine Arbeit finden. Und ich glaube, man __________ die Heimat auch einmal verlassen, denn erst dann __________ man erkennen, was Heimat bedeutet.

Gabriel, 51: Ich möchte nicht gern in einem anderen Land leben, denn da __________ ich mich anpassen. Und ich __________ mich an neue Regeln gewöhnen. Ich denke, das __________ ich nicht. Und wenn man schon länger in einem anderen Land gelebt hat, dann __________ man sich irgendwann mal entscheiden: __________ man bleiben oder lieber zurückgehen?

Iwona, 47: Wenn man in einem fremden Land lebt, __________ man die Identität verlieren. Wenn ich alte Freunde und Bekannte zum Beispiel nur einmal im Jahr besuchen __________, __________ ich den Kontakt zur Heimat verlieren. Und das __________ ich nicht. Meine Heimat, meine Familie, meine Freunde, das alles ist einfach zu wichtig für mich.

Soleiman, 36: Ich wohne seit fünf Jahren im Ausland, zwei Jahre in Österreich und jetzt schon drei Jahre in Deutschland. Das Leben hier gefällt mir. Ich __________ nicht in mein Heimatland zurück. Das ist mir einfach zu eng. Die Welt ist so groß. Ich __________ viel sehen. Hier in Deutschland __________ ich mit meiner Familie ein besseres Leben führen. Es gibt natürlich auch Probleme. Aber dafür __________ meine Kinder hier zum Beispiel zweisprachig aufwachsen.

Möchten Sie im Ausland wohnen? Wo? Warum?

Ich möchte gern in einem anderen Land (in ...) leben, denn dort kann ich ... .
Ich / Meine Familie / Meine Kinder kann/können ... .
Ich möchte nicht gern im Ausland leben, denn dort muss ich ... .
Und ich darf vielleicht/bestimmt nicht ... .
Vielleicht muss ich sogar ... .

Was sollten Menschen im Ausland beachten? Sammeln Sie in Gruppen Informationen und Tipps.
Präsentieren Sie Ihre Überlegungen auf einem Plakat und diskutieren Sie die Ergebnisse im Plenum.

Als Kind wollte ich Journalist werden.

Kindheitsträume

Ergänzen Sie die Präteritumformen.

Wolfgang, 55: Als Kind __________ (wollen) ich Journalist werden. Ich __________ (wollen) die Welt und neue Kulturen kennen lernen. Daraus ist leider nichts geworden. Ich __________ (müssen) eine Lehre anfangen, denn meine Eltern __________ (wollen), dass ich etwas Vernünftiges mache. Meine Mutter war damals schwer krank und ich __________ (können) sie nicht enttäuschen. Jetzt weiß ich, dass diese Entscheidung falsch war.

Patricia, 39: Mit 12 oder 13 __________ (wollen) ich Schauspielerin werden. Ich war sportlich, __________ (können) mich gut bewegen und ich hatte auch eine ziemlich gute Stimme. Ich __________ (müssen) sogar fünf Jahre lang Gesangsunterricht nehmen. Später bin ich Krankenschwester geworden. Und ich singe immer noch.

Peter, 32: Ich __________ (wollen) Lokomotivführer werden oder Taxifahrer. Ich war ein ziemlich aufgewecktes Kind. Ich __________ (wollen) reisen, ich __________ (wollen) weg von zu Hause und mein eigenes Geld verdienen. Heute arbeite ich als Fernfahrer, ich bringe Güter nach Polen und nach Estland. Am Anfang __________ (müssen) ich mich an die Arbeitszeiten gewöhnen. Nachts fahren, tagsüber schlafen, das ist nicht einfach. Aber ich __________ (wollen) auf keinen Fall in einem Büro sitzen. Mein Leben gefällt mir.

Gisela, 44: Mit 16 __________ (wollen) ich mit der Schule aufhören, weil ich ein ziemlich schlechtes Zeugnis hatte. Ich __________ (wollen) eine Lehre als Schneiderin machen. Zuerst __________ (wollen) meine Eltern das nicht erlauben. Außerdem __________ (können) ich in Bochum keine Lehrstelle finden. Dann habe ich eine Stelle in Hamburg gefunden. Meine Eltern __________ (wollen) natürlich nicht, dass ich weggehe, aber dann __________ (können) ich sie überzeugen. Jetzt arbeite ich für eine große Designerfirma und bin sehr zufrieden.

Welche Kindheitsträume hatten Sie? Konnten Sie Ihre Pläne realisieren?

Als Kind wollte ich (unbedingt) ... werden/machen.
Ich wollte schon immer als/bei/in ... arbeiten.
Ich konnte (leider) nicht ..., denn ich musste ... .
Meine Eltern wollten, dass ich ... .
Ich sollte ... werden/studieren.
Damals durfte ich nicht ... .

Entwerfen Sie in Partner- oder Gruppenarbeit eine Geschichte zum Thema „Kindheitsträume". Schreiben Sie einen Stichpunktzettel und erzählen Sie Ihre Geschichten im Plenum.

Interessieren Sie sich für Politik?

Ich informiere mich genau über die wirtschaftlichen Aussichten und über die steigende Arbeitslosigkeit.

Ergänzen Sie die passenden Präpositionen.

Alex, 38: Mein Interesse für Politik hält sich in Grenzen. Aber ich informiere mich genau __________ die wirtschaftlichen Aussichten und __________ die steigende Arbeitslosigkeit, denn ich möchte meinen Job nicht verlieren.

Petra, 41: Ich lese Zeitung, sehe Nachrichten und in meiner Firma diskutieren wir viel __________ Politik. Vor allem Programme gegen die zunehmende Arbeitslosigkeit finde ich wichtig. Jemand muss sich doch __________ dieses Problem kümmern. Ich habe zwei Kinder: Sie sind 13 und 17 Jahre alt. Natürlich mache ich mir Gedanken __________ ihre Zukunft. Allerdings halte ich nicht viel __________ modernen Politikern, sie reden zu viel und entschuldigen sich selten __________ ihre Fehler.

Wolfgang, 56: Ich denke, in unserer Zeit gibt es zwei Extreme: Die einen interessieren sich __________ Politik eher wenig, die anderen nehmen __________ jeder Demonstration, jeder Kundgebung teil. Ich habe mir leider bis jetzt viel zu wenig Gedanken __________ Politik gemacht. Ich ärgere mich immer wieder __________ Politiker, sie halten ihre Versprechen nicht.

Ralf, 31: Politik ist ein wichtiges Thema für mich. Ich möchte gut informiert sein und mich __________ Missstände wehren können. Seit ein paar Jahren engagiere ich mich __________ den Umweltschutz. Wir protestieren __________ den Bau neuer Atomkraftwerke und __________ die Castor-Transporte. Wir informieren die Menschen __________ Risiken und Gefahren von Atomenergie. Viele Kinder wohnen in der Nähe von Atomkraftwerken und klagen __________ Kopfschmerzen und Schwäche; einige leiden __________ Leukämie. Ich ärgere mich __________ die Politiker, sie spielen die Gefahr herunter.

Für welche politischen Themen interessieren Sie sich?

Ich interessiere mich sehr / ab und zu / gar nicht für ... .
Mit Freunden / Arbeitskollegen / meinen Kindern diskutieren/sprechen/reden wir oft/manchmal über ... .
Natürlich mache ich mir Gedanken über ... .
Die Presse / Das Fernsehen / Das Radio informiert/berichtet/schreibt oft / fast jeden Tag / leider nur selten über ... .
Ich nehme an ... teil / protestiere gegen ... .

Wie stark interessieren sich die Menschen in Ihrem Land für Politik? Welche Themen stehen im Vordergrund? Erzählen Sie oder schreiben Sie einen kurzen Bericht für die Kurszeitung und präsentieren Sie Ihre Berichte im Plenum.

Sie tragen Verantwortung für andere. Sie kümmern sich um alles.

Wie viel Clique braucht ein Mensch?

Manchen macht das Leben in einer Clique mit vielen Freunden einen Riesenspaß, gibt ihnen das Gefühl, gemeinsam durch dick und dünn zu gehen. Andere bleiben gern allein, brauchen mehr Freiheit, Unabhängigkeit.

Markieren Sie die richtige Präposition.

Typ 1: Ohne Sie läuft keine Clique. Sie gehören einfach darauf/damit/dazu. Sie geben den Ton an, Sie tragen Verantwortung für/auf/in andere. Sie kümmern sich über/vor/um alles. Konkurrenz wirkt positiv auf/an/um Sie. Für Sie ist wichtig, dass alle viel von/mit/zu Ihnen halten, dass alle sich um/auf/über Ihre Redegewandtheit, Ihre Entscheidungskraft und Ihren Charme wundern. Wenn sich die Freunde eines Tages nicht mehr über/für/auf Sie interessieren, bricht für Sie die Welt zusammen.

Typ 2: Sie brauchen viele Freunde um sich herum. Aber Streit und Gerangel um/über/an die Macht sind nicht Ihre Sache. Sie drängeln sich nicht darauf/darum/danach, im Mittelpunkt zu stehen. Man kann sich an/auf/um Sie verlassen, Sie nehmen zu/in/an dem Cliquenleben aktiv teil. Aber wenn es Streit oder Ärger gibt, können Sie für/auf/über die Clique verzichten, aber Sie sind darauf/damit/darüber nicht besonders froh, denn Ihr Selbstwertgefühl ist vor/nach/von der Meinung der Clique abhängig.

Typ 3: Sie sind sensibel, Sie lieben es vertraut und intim - am besten mit einem Freund / einer Freundin, nicht in einer großen Gruppe. Unter/An/Vor Lärm und vielen Leuten können Sie richtig leiden. Sie konzentrieren sich lieber auf/an/über Ihre einzelnen Freundschaften.

Ich verstehe mich gut/prima/... mit ... .
Wir streiten nie / ab und zu / ... über ... .

Ich interessiere mich für ... .
Ich kann gut zuhören und zeige Interesse für/an ... .

Immer/Oft/... erzähle ich meinen Freunden von ... .
Wir sprechen auch über ... .

Manchmal ärgere ich mich über ... .

Verstehen Sie sich gut mit Ihren Freunden? Streiten Sie manchmal mit ihnen? Interessieren Sie sich für das Leben Ihrer Freunde? Erzählen Sie Ihren Freunden von Ihrem Leben? Ärgern Sie sich oft über Ihre Freunde?

Machen Sie im Kurs Interviews zum Thema: „Wie viele Freunde braucht ein Mensch?" Fragen Sie nach gemeinsamen Interessen, Vorlieben und Abneigungen in der Freundschaft. Stellen Sie die wichtigsten Informationen als Statistik/Tabelle zusammen und präsentieren Sie die Ergebnisse an der Tafel oder als Poster.

Ängste und Sorgen

Als ich klein war, hatte ich Angst vor dem Tod.

Jeder hat sich schon mal gefragt: Was bringt die Zukunft? Welche Hoffnungen habe ich? Welche Ängste und Sorgen bedrücken mich?

Ergänzen Sie die Präpositionen.

Kira, 45: Als ich klein war, hatte ich Angst __________ dem Tod. Mit 25 las ich zum ersten Mal die Bibel. Damals begann meine Auseinandersetzung __________ der Religion. Immer wenn ich in die Kirche komme, verschwinden Stress und Ärger __________ alltägliche Probleme. Der Glaube __________ Gott gibt mir innere Ruhe, Kraft und Zuversicht.

Felix, 23: Interesse __________ Politik gehört zu meinen Hobbys. Oft packt mich eine fürchterliche Wut __________ Leute, die keine Veränderungen wollen. Die Politiker müssten sich Gedanken __________ Umweltprobleme machen. __________ Arbeitslosigkeit und Ausländerfeindlichkeit habe ich auch Angst.

Martin, 31: Ich habe Angst __________ dem Verlust von Freunden. Ich war eine Zeit lang im Ausland, und jetzt habe ich so gut wie keinen Kontakt mehr __________ den alten Freunden. Natürlich macht man sich dann Gedanken __________ die Bedeutung von Freundschaften.

Benjamin, 22: Ich möchte bald in der ersten Basketballbundesliga spielen. Ich trainiere jeden Tag auf dieses Ziel hin, und da mache ich mir schon Gedanken __________ mögliche Verletzungen. Ich habe große Angst __________ Knochenbrüchen.

Patricia, 25: Die Beschäftigung __________ Sternen und Horoskopen macht mir viel Spaß. Aber manchmal habe ich Angst __________ dem Schicksal. In erster Linie mache ich mir Sorgen __________ meine Kinder.

Julia, 37: Ich habe Angst __________ Luftverschmutzung, der Vergiftung unserer Nahrungsmittel und der Zerstörung der Wälder. Deshalb bin ich auch Mitglied der Grünen geworden. Heutzutage soll jeder aktiv sein. Die Teilnahme __________ Demonstrationen zum Umweltschutz und gegen Castor-Transporte ist für mich Ehrensache.

Wovor haben Sie Angst? Worum machen Sie sich Sorgen?

Ich habe Angst vor ... .
Ich mache mir Sorgen um ... .
Ich mache mir oft/manchmal Gedanken über ... .
Aber die Hoffnung auf / der Glaube an ... helfen mir.

Machen Sie in Gruppen eine Umfrage zum Thema „Ängste und Sorgen".
Stellen Sie die wichtigsten Informationen als Statistik oder Tabelle zusammen.
Präsentieren Sie Ihre Ergebnisse im Plenum.

In Deutschland mangelt es an Pflegekräften.

Wehrdienst oder Zivildienst

Was passt zusammen?

In Deutschland mangelt es ...	... über den Zivildienst anstelle des Wehrdienstes
In der letzten Zeit diskutiert man viel ...	... für den Zivildienst
Aus Gewissensgründen entscheiden sich immer mehr junge Männer ...	... für Obdachlose und sozial Schwache
Die meisten Zivildienstleistenden beschäftigen sich ...	... zu den Aufgaben von Zivildienstleistenden
Arbeit in Krankenhäusern und Altenheimen, Betreuung von Schwerbehinderten gehören ...	... mit Alten, Behinderten und Pflegebedürftigen
Ein Teil der Zivildienstleistenden sorgt ...	... an Pflegekräften
Viele Politiker halten nicht viel ...	... von Zivildienst statt Wehrdienst

Wie stehen Sie zum Zivildienst?

Die Zeitungen berichten / Man diskutiert viel über ... .
Die Politiker machen sich ernsthaft Gedanken über ... .
Sie halten viel/wenig von ... .
Es mangelt an ... . Deswegen bestehen sie auf ... .
Viele alte Menschen leiden an ... .
Die Schwerbehinderten sind abhängig von / sind auf ... angewiesen.
Die Zivildienstleistenden beschäftigen sich mit ... .

Sammeln Sie in Gruppen Informationen über den Wehr- bzw. Zivildienst in Ihren Ländern (Dauer, Aufgaben usw.) und berichten Sie im Plenum.

Optimisten

Ich denke, junge Leute warten immer auf große Veränderungen, große Erfolge.

Ergänzen Sie die Präpositionen.

Herbert, 63: Ich bin Optimist. Ich bin 63 Jahre, und ich habe noch große Pläne. Und ich träume noch, zum Beispiel __________ einem Segelboot. Damit möchte ich nämlich eine Weltreise wagen.

Elisabeth, 57: Ich denke, junge Leute warten immer __________ große Veränderungen, große Erfolge. In meinem Alter freuen sich die Leute __________ kleinere Sachen wie zum Beispiel gutes Wetter oder wenn meine Freunde mich __________ einer Party einladen. Im Fernsehen und im Radio berichtet man jeden Tag __________ Verbrechen und Katastrophen. Natürlich denkt man auch __________ so etwas nach. Deswegen freue ich mich __________ jeden neuen Tag und hoffe __________ einen ruhigen, sorglosen Lebensabend.

Matthias, 29: Ich weiß nicht, ob ich Optimist bin, aber ich versuche das Leben zu genießen. Ich achte __________ meine Ernährung, ich mache viel Sport und habe sogar vor ein paar Monaten __________ Joggen angefangen. Ich lache gern, zum Beispiel __________ einen guten Witz oder eine Komödie.

Anke, 34: Ich würde sagen, ich bin eher Pessimistin. Ich rege mich __________ alles auf. Manchmal habe ich den Eindruck, mein Leben würde nur __________ Pechsträhnen bestehen. Meine Freunde sagen, ich ziehe Probleme an. Natürlich kann man sich __________ alles gewöhnen, aber ich leide sehr __________ meinen Gemütsschwankungen.

Sind Sie Optimist/ Optimistin? Worüber freuen Sie sich und worüber ärgern Sie sich?

Ich bin eher ... .
Ich freue mich über/auf ... .
Und ich ärgere mich oft / manchmal / nur selten über ... .
Viele Leute regen sich über ... auf.
Ich bemühe mich um ... .
Ich konzentriere mich (nicht) auf ... .
Ich lache/weine (ziemlich) oft / manchmal / ab und zu über ... .

Machen Sie in Gruppen eine Umfrage: Worüber freuen Sie sich am meisten? Worüber ärgern Sie sich am häufigsten? Tragen Sie alle Informationen in einer Tabelle zusammen. Präsentieren Sie Ihre Ergebnisse im Plenum und diskutieren Sie.

Ich finde, Geschichte gehört zu unserem heutigen Leben.

Aus der Geschichte lernen

Ergänzen Sie die Präpositionen.

Martina, 44: Ich finde, Geschichte gehört __________ unserem heutigen Leben. Unsere Gegenwart und unsere Zukunft hängen __________ Umgang mit der Geschichte ab. Die Menschen sollen sich auch __________ die traurigen Kapitel unserer Geschichte erinnern. Sie müssen sich __________ das Leid, das sie anderen angetan haben, entschuldigen.

Andreas, 33: Geschichte interessiert mich nicht. Man kann stolz __________ sie sein oder man kann sich __________ bestimmte Kapitel in unserer Geschichte schämen. Verbessern können wir sie nicht mehr. Ich kann auch die Menschen nicht verstehen, die sich __________ die Vergangenheit aufregen. Das nützt doch nichts. Ich kümmere mich lieber __________ die Gegenwart.

Bernd, 27: Aus der Geschichte lernen? Soll das ein Witz sein? In der Schule hatte ich immer den Eindruck, die Geschichte besteht nur __________ Krieg, Mord und Betrug. Und heute ist es doch genauso. Jeden Tag berichten Presse und Fernsehen __________ Verbrechen, Korruption, Verrat. Jeden Tag sterben Millionen von Menschen __________ Hunger und Epidemien, leiden __________ Unterernährung.

Ulrike, 76: Die Menschen müssen sich __________ der Geschichte beschäftigen. Natürlich kann geschichtliches Wissen nicht __________ Fehlern schützen, aber es kann helfen, eine bessere Zukunft zu bauen.

Wie denken Sie über den Umgang mit der Geschichte?

Ich glaube, die Menschen sollten sich (nicht) mit ... beschäftigen, denn ... .
Ich bin der Meinung, sie sollten sich (lieber) auf ... konzentrieren.
Die Menschen sollten sich um ... kümmern und nicht an ... denken.
Mit meinen Freunden/Kollegen spreche/diskutiere/rede ich oft / nur selten über ... .
Ich rege mich über ... auf.
Unsere Gegenwart / Unsere Zukunft / Unser Leben hängt von ... ab.

Sie sind Geschichtslehrer/Geschichtslehrerin an einem Gymnasium. Sie wollen Ihre Schüler und Schülerinnen für Geschichte begeistern und sie davon überzeugen, wie wichtig geschichtliches Wissen für das moderne Leben ist.
Sammeln Sie in Gruppen Argumente und Informationen.
Schreiben Sie ein Statement und halten Sie eine kurze Rede im Plenum.

Reden ist Silber, Schweigen ist Gold?

Falls Sie etwas sagen oder widersprechen wollen, drücken Sie Ihre Meinung klipp und klar aus. Sprechen Sie laut und deutlich, wenn Sie gehört werden wollen.

„Man hat es schwer im Leben, wenn man schweigt." – Diese alte Binsenweisheit hat längst ausgedient. Es ist wichtig, was man sagt, aber viel wichtiger ist die Frage: Wie sagt man es?

Verbinden Sie die Sätze mit „falls" oder „wenn".

Wollen Sie etwas sagen oder widersprechen? Drücken Sie Ihre Meinung klipp und klar aus.
Wollen Sie gehört werden? Sprechen Sie laut und deutlich.
Fällt Ihnen jemand ins Wort? Sagen Sie unmissverständlich: „Lassen Sie mich bitte ausreden."
Stört Sie jemand dauernd? Reden Sie einfach weiter.
Stoßen Sie mit Ihren Ideen auf Widerstand? Geben Sie nicht ohne Kampf auf.
Gehen Ihnen die Argumente aus? Beginnen Sie einfach von vorn.
Sprechen Sie zu leise oder zu schnell? Dann verstehen die anderen nur die Hälfte.
Wollen Sie jemanden von der Richtigkeit Ihrer Meinung überzeugen? Vermeiden Sie die Wörter „vielleicht", „eigentlich".
Können Sie Ihren Gesprächspartner nicht überzeugen? Bieten Sie einen Kompromiss an.
Möchten Sie den Gesprächspartner zum Zuhören zwingen? Sehen Sie Ihrem Gegenüber in die Augen.
Halten Sie ein Referat vor einer Gruppe? Stehen Sie gerade und verlieren Sie nicht den Blickkontakt.

Wie verhalten Sie sich, wenn Sie vor einer Gruppe sprechen sollen oder Ihre Meinung durchsetzen wollen?

Wenn ich vor einer größeren Gruppe sprechen soll, ...
Falls die anderen kein Interesse an meiner Meinung zeigen, ...
Wenn ich mich durchzusetzen versuche, ...
Falls mein Gesprächspartner auf seiner Meinung besteht, ...
Wenn mir niemand zuhört, ...
Falls mir die Argumente ausgehen, ...
Wenn die anderen meine Vorschläge ablehnen, ...

Ein Bekannter / Eine Bekannte von Ihnen soll in einer Betriebsversammlung eine Rationalisierungsidee präsentieren. Er/Sie soll die Arbeitskollegen und den Chef von der Idee überzeugen. Davon hängen die Karrierechancen ab.
Wie soll er/sie sich verhalten? Geben Sie Ihrem/Ihrer Bekannten ein paar Tipps.
Arbeiten Sie in Gruppen und präsentieren Sie Ihre Tipps im Plenum.

Wenn ich teure Klamotten anhabe, fühle ich mich besser.

Markenmode

Markus, 27:
Kaufen Menschen ihre Kleidung, achten sie dabei immer öfter nicht auf Schönheit, sondern auf den Preis und auf den Firmennamen.
Entdeckt man zum Beispiel ein Krokodil auf dem Polo-Hemd, weiß jeder: Das ist von Lacoste.
Ist das Hemd von Lacoste oder von Boss, hat es bestimmt über 50 Euro gekostet. Dieser Preis macht das Hemd zum Statussymbol.
Sieht man irgendwo eine schicke Jeans, sucht man sofort nach einem Etikett.
Steht da nicht „New Man“ oder „Levi's“ drauf, ist die Hose einfach nicht „in“.

Annette, 35:
Orientiert man sich im Leben nur an Labels und Etiketten, bleibt einem nicht so viel Zeit für andere Dinge.
Kann man sich keine Boss-Hose leisten, wird man automatisch zum Außenseiter und man wird von den anderen nicht akzeptiert. Das darf doch nicht wahr sein!

Lesen Sie zwei Meinungen über Markenmode. Schreiben Sie die Sätze wie im Beispiel um.

Ich lege (fast) nie viel Wert auf Klamotten, höchstens wenn ich … .
Wenn man Menschen nur nach Klamotten beurteilt, … .
Wenn ich zur Arbeit / ins Theater / in die Disco / … gehe, ziehe ich … an / trage ich gern / oft / normalerweise / ab und zu … .

Ist Ihnen Ihr Aussehen wichtig? Wann legen Sie besonders viel Wert auf Kleidung?

Geben Sie in Gruppen Auskunft über Boutiquen und Modegeschäfte, wo Sie Ihre Kleidung kaufen oder gern kaufen möchten.
Wo befindet sich das Geschäft? Wie ist die Bedienung, die Atmosphäre? Was für Kleidung kann man hier kaufen?
Sammeln Sie Informationen und formulieren Sie Tipps für Ihre Kollegen und Kolleginnen, die noch auf der Suche nach „ihrem“ Modegeschäft sind. Präsentieren Sie die Tipps im Plenum.

Selbstständig

Wenn Sie gern ein Risiko eingehen, dann können Sie sich selbstständig machen.

Viele Menschen möchten sich selbstständig machen. Doch nicht alle haben das Zeug dazu. Welche Eigenschaften braucht man, wenn man sich selbstständig machen will, und welche sind eher hinderlich?

Bilden Sie Sätze wie im Beispiel.

Sie gehen gern ein Risiko ein.
Sie haben kein Problem, Verantwortung zu übernehmen.
Sie sind bereit, Ihre Freizeit zu opfern.
Sie haben viele Ideen und Projektpläne und Sie wollen sie unbedingt umsetzen.
Sie können im Notfall auf Urlaub oder eine Party mit Freunden verzichten.
Sie haben keine Angst, selbst für Ihre soziale Absicherung zu sorgen.
Sie können sich an neue Gegebenheiten leicht anpassen.
Sie streben einen geregelten Arbeitstag mit festgelegtem Arbeitsbeginn und -ende an.
In der Arbeit brauchen Sie eine vorgegebene Richtung.
Für Sie ist ein sozial abgesicherter Job mit festgelegten Arbeitszeiten sehr wichtig.
Sie brauchen viel Freizeit.
Überstunden sind nichts für Sie.
Sie haben ein starkes Verlangen nach Struktur und Ordnung.
Auf Abende mit Freunden und freie Wochenenden wollen Sie nicht verzichten.
Sie sind nicht bereit, für Ihre Arbeit alles zu opfern.

Ihr Freund / Ihre Freundin bittet Sie um Rat: Er/Sie möchte sich selbstständig machen, weiß aber nicht, ob er/sie das Zeug dazu hat. Beraten Sie Ihren Freund / Ihre Freundin.

Wenn du ..., kommt für dich ... nicht in Frage.
Das ist nichts für dich, wenn du ... .
Nur wenn du ..., kannst du dich selbstständig machen.
Wenn ..., wirst du es mit großer Wahrscheinlichkeit schaffen.
Wenn ..., ist eine selbstständige Tätigkeit ideal für dich.

Erfinden Sie in Partner- oder Gruppenarbeit 5 – 6 schwierige Situationen: Was kann alles schief gehen, wenn man sich selbstständig gemacht hat?
Lassen Sie die Kollegen aus den anderen Gruppen mögliche Lösungswege diskutieren: Was kann man machen, wenn ... ?
Präsentieren Sie die Lösungswege im Plenum.

Nur wenn Sie sehr diszipliniert sind, können Sie per Fernunterricht studieren.

Lernen auf Distanz

Fernstudium wird heute groß geschrieben. Man kann zu Hause bleiben, bequem vor dem Computer sitzen und dabei den Hauptschulabschluss nachholen oder eine Ausbildung machen. Das hört sich so leicht an. Ist es aber nicht! Oder doch? Wann kann man sich fürs Lernen auf Distanz entscheiden und wann soll man lieber darauf verzichten?

Bilden Sie Sätze wie im Beispiel.

sehr diszipliniert sein
die Zeit gut einteilen können
einen starken Willen haben
gern allein arbeiten
Ordnung und festgelegte Arbeitsabläufe schätzen
selbst Daten und Informationen auswerten können
zu systematischer und ordentlicher Arbeitsweise neigen
gut mit Termindruck zurechtkommen
Aufgaben fristgerecht fertig stellen und abgeben
mit großer Sorgfalt planen und organisieren können

Wann entscheiden sich Menschen für ein Fernstudium? Welche Vor- und Nachteile hat Ihrer Meinung nach der Fernunterricht? Kommen alle Menschen als Fernschüler in Frage?

Einige/Viele/Manche Menschen melden sich für ein Fernstudium an, wenn sie ... .
Wenn man früher / als Jugendliche(r) ..., kann man später / als Erwachsene(r) ... .
Das Fernstudium kommt nur dann in Frage, wenn ... .
Nur wenn man ..., ...

Wie sind die Bildungswege bei Ihnen? Wann wählt man welchen Weg? Gibt es Möglichkeiten auch im späteren Leben noch eine Ausbildung zu machen?
Stellen Sie das Bildungssystem in Ihrem Land graphisch dar und berichten Sie darüber im Plenum.

Herzklopfen

Martina gerät in Panik,
wenn sie im Flugzeug sitzt.

Es gibt Augenblicke im Leben, da sind wir sehr aufgeregt, unser Herz schlägt höher, vor Angst oder Aufregung kriegen wir den Mund nicht auf, bekommen weiche Knie und Herzklopfen, uns wird heiß und kalt zugleich.

Bilden Sie Sätze wie im Beispiel.

Martina, 51:	in Panik geraten	im Flugzeug sitzen
	das Herz schlägt höher	die Signale „Bitte anschnallen“ und „Rauchen einstellen“ blinken auf
Peter, 28:	weiche Knie bekommen	mit der Bergschwebebahn fahren
	ein mulmiges Gefühl haben	nach unten sehen
	die Angst hört auf	am Ziel ankommen
Brigitte, 46:	nervös sein	zum Arzt gehen
	ihr wird heiß und kalt	der Arzt berichtet über die Untersuchungsergebnisse
Andrea, 24:	das Herz schlägt schnell	verliebt sein
	die Hände zittern	ihren Geliebten sehen
Veronika, 38:	Angst bekommen	ihre Kinder werden krank
Simone, 44:	schockiert, deprimiert sein	über Unfälle und Katastrophen in der Zeitung lesen oder im Radio hören
	das Herz rast	Tote und Verletzte werden im Fernsehen gezeigt

In welchen Situationen sind Sie nervös, aufgeregt?

Ich bin sehr/ziemlich aufgeregt/nervös, wenn ich ... .
Wenn ..., bekomme ich weiche Knie / Herzklopfen.
Mein Herz schlägt höher/schneller, wenn ... .
Wenn ..., gerate ich in Panik / bekomme furchtbare Angst.

Machen Sie in Gruppen eine Umfrage zum Thema „Herzklopfen“. Notieren Sie die Antworten und fassen Sie die Ergebnisse in Form von Geschichten zusammen. Präsentieren Sie die Geschichten im Plenum.

Traumstädte

Lars mag Berlin, denn man kann hier viel unternehmen.
Weil in Paris immer viel los ist, lebt Christine gern hier.
Andrea findet Mailand Spitze, weil es das Zentrum für Mode und Werbung ist.

Schreiben Sie die Texte wie im Beispiel um, verwenden Sie dabei Kausalsätze mit „weil" oder „denn".

Lars, 18: Ich bin in Berlin geboren. Ich mag Berlin. Diese Stadt ist nicht so spießig wie andere Städte. Man kann hier viel unternehmen, das kulturelle Angebot ist sehr breit. Allerdings ärgere ich mich manchmal. Die U-Bahn fährt nachts nicht und es stinkt oft.

Christine, 17: Ich komme aus Karlsruhe, lebe aber seit zwei Jahren in Paris. Meine Eltern arbeiten hier. Ich mag diese Stadt. Es ist eine Weltstadt. Hier kann man auf der Straße viele Sprachen hören. Hier habe ich nie das Gefühl, Ausländerin zu sein. Ich lebe gern hier. Hier ist immer etwas los: eine Theaterpremiere oder ein Festival. Die Leute hier ziehen sich modisch an, gehen oft aus und hören Rap-Musik.

Rowena, 19: Ich lebe in Bayreuth, möchte aber gern nach London ziehen. Diese Stadt ist genau richtig für mich. Es gibt dort die tollsten Geschäfte und die verrücktesten Märkte. In London entstehen viele Trends in Sachen Mode und Musik. Diese Stadt ist meistens einen Schritt voraus, die Leute dort sind offen und experimentierfreudig.

Andrea, 22: Ich war schon dreimal in Mailand. Diese Stadt finde ich Spitze. Sie ist einfach das Zentrum für Mode und Werbung. Ich würde gern mal in der Modebranche arbeiten. Mailand ist zwar manchmal superchaotisch, aber immer noch überschaubar.

Welche Stadt mögen Sie ganz besonders?

Ich möchte gern in ... leben, weil ... .
Ich mag ..., weil ... .
Diese Stadt finde ich Spitze, denn ... .
Diese Stadt ist genau richtig für mich, denn ... .
Deshalb möchte ich gern nach ... ziehen.

Berichten Sie in Gruppen über Ihre „Lieblingsstadt" und nennen Sie die Gründe für Ihre „Liebe". Machen Sie in Gruppen Werbecollagen für Ihre Lieblingsstädte.
Präsentieren Sie Ihre Collagen im Plenum und gewinnen Sie die anderen Kursteilnehmer für eine Reise in Ihre Lieblingsstädte.

Single – warum?

46% sind Singles,
weil sie den richtigen Partner
noch nicht gefunden haben.

Mehr als 4 Millionen Singles gibt es in Deutschland. Und es werden immer mehr. Vor allem junge Frauen und Männer warten lieber etwas länger auf den Traumpartner und kosten in der Zwischenzeit ihre Freiheit aus.

Bilden Sie Sätze mit „weil".

46%	haben den richtigen Partner noch nicht gefunden
29%	haben eine gescheiterte Beziehung (oder mehrere) hinter sich und wollen ihr seelisches Gleichgewicht nicht gefährden
17%	wollen viel Zeit für sich selbst, möchten sich nicht festlegen
14%	lassen sich durch die Beziehungen von Eltern oder Freunden abschrecken
13%	sind durch ihren Job zu sehr in Anspruch genommen, das Privatleben bleibt auf der Strecke
9%	sehen im Alleinsein eine Chance, in Ruhe herauszufinden, was sie selbst möchten, und sind Singles aus Überzeugung
8%	haben keine Lust, sich dauernd zu arrangieren, wollen tun und lassen, was ihnen gefällt

Wie ist die Situation bei Ihnen? Gibt es viele Singles? Notieren Sie die Gründe.

Bei uns leben viele / nur wenige Menschen allein, weil ... .
Immer mehr junge Menschen bleiben lieber solo, weil ... .
Die Zahl der Singles nimmt immer mehr zu, weil ... .
Für viele ist das Leben als Single attraktiv, weil ... .
Manche Leute finden das Singleleben schrecklich, weil ... .

Machen Sie in Gruppen Interviews zum Thema „Singles". Fragen Sie nach Zahlen, Trends, eventuellen Motiven und stellen Sie die wichtigsten Informationen als Tabelle zusammen. Präsentieren Sie Ihre Ergebnisse im Plenum und nehmen Sie Stellung zu eventuellen regionalen Unterschieden.

Werner schreibt keine Briefe, weil es ihm zu viel Arbeit ist.

Briefe

Wer schreibt (keine) Briefe? Warum (nicht)? Suchen Sie die Antworten in den Texten und formulieren Sie wie im Beispiel.

Werner, 34: Ich schreibe keine Briefe, höchstens SMS. Das ist mir zu viel Arbeit.

Andrea, 29: Die Leute sind heutzutage meistens zu faul und schreiben deswegen keine Briefe. Alles soll schnell gehen. Und wenn man einen Brief schreibt, muss man lange überlegen. Man muss sich richtig Zeit nehmen. Diesen Luxus leisten sich nur wenige.

Monika, 48: Eigentlich habe ich nichts gegen Briefeschreiben. Das habe ich früher auch öfter getan. Ich habe an meine Freunde geschrieben, an Verwandte und Bekannte. Doch dann habe ich es aufgegeben. Ich musste oft sehr lange auf eine Antwort warten und auf viele Briefe habe ich gar keine Antwort bekommen. Das war ziemlich enttäuschend.

Patricia, 22: Briefe schreiben finde ich öde. Das dauert einfach viel zu lange. Man findet die passenden Worte so schwer. Ich glaube, nur wenige Menschen beherrschen diese Kunst noch. Deswegen veröffentlicht man ja auch Briefe von bekannten Persönlichkeiten, weil sie so schön, so witzig und so interessant sind. Man kann daraus viel lernen. Und wenn ich meinen Eltern etwas berichten will, dann greife ich lieber zum Telefon. Telefonieren ist zwar teuer, aber es geht viel schneller und einfacher.

Peter, 61: Ich schreibe Briefe für mein Leben gern. Ich schreibe so oft ich kann und das macht mir richtig Spaß. Ich kann mir so alle Probleme und Sorgen von der Seele schreiben. Ich habe als Kind an literarischen Wettbewerben teilgenommen, Gedichte und Geschichten geschrieben. Leider ist aus mir kein Dichter geworden. Aber in den Briefen kann ich meiner Phantasie freien Lauf lassen. Man kann also sagen, Briefe schreiben ist mein Hobby. Ich bekomme auch viele Briefe. Das ist eigentlich das Allerschönste an der Sache.

Schreiben Sie Briefe? Warum (nicht)?

Ich schreibe gern / oft / gar keine Briefe, weil ... .
Früher habe ich öfter / alle zwei Wochen an meine Freunde/Verwandten/ Bekannten geschrieben, weil ... .
Briefe schreiben finde ich überholt / nicht mehr modern / langweilig, weil ... .
Ich bekomme gern Briefe, weil ... .
Aber selbst Briefe schreiben ist zu viel Arbeit/Aufwand für mich, weil ... .

Sie möchten an der Volkshochschule einen Kurs anbieten: Briefe schreiben. Entwerfen Sie in Gruppen eine Werbeanzeige für die Zeitung. Präsentieren Sie die Anzeigen im Plenum.

Ausstieg aus der Atomenergie: ja oder nein?

Ausstieg aus der Atomenergie ist notwendig, weil kein Atomkraftwerk vollkommen sicher ist.
Ausstieg aus der Atomenergie ist wirtschaftlich unrentabel, denn die Atomkraftwerke produzieren immer noch ein Drittel der gesamten Energie.

In der letzten Zeit häufen sich Berichte über die Gefahren der Atomwirtschaft. Ist der Atomausstieg notwendig? Kann man diese Technologie noch verantworten? Gibt es alternative Energieformen? Können Sonnenenergie, Wind- und Wasserkraft den Wirtschaftsbedarf decken? Wissenschaftler haben unterschiedliche Meinungen.

Bilden Sie Sätze wie im Beispiel mit „weil" oder „denn".

Ausstieg aus der Atomenergie ist notwendig, ...
Ausstieg aus der Atomenergie ist wirtschaftlich unrentabel, ...

kein Atomkraftwerk ist vollkommen sicher
die Atomkraftwerke produzieren immer noch ein Drittel der gesamten Energie
der Atommüllberg wächst weiter
die atomare Entsorgung ist nach wie vor ungelöst
in der Umgebung von AKWs gibt es erhöhte Leukämieraten, besonders bei Kindern
an den Folgen von radioaktiver Verstrahlung sind bereits viele Menschen gestorben
viele fruchtbare landwirtschaftliche Gebiete sind verseucht
auch beim „Normalbetrieb" gibt es Gesundheitsrisiken für das Personal
die Versorgung mit Elektrizität ist gefährdet
die Ausstiegskosten sind zu groß
der Energieverbrauch wird trotz Sparmaßnahmen zunehmen
alternative Energien, wie Sonnenenergie, Windenergie, Wasserenergie usw., können den Energiebedarf nicht abdecken
die Atomenergie schafft Arbeitsplätze
neue Atomkraftwerke sind technisch viel sicherer

Halten Sie den Ausstieg aus der Atomenergie für notwendig? Warum?

Ich finde den Ausstieg aus der Atomenergie notwendig / sinnvoll / gerechtfertigt / längst überfällig, weil ... .

Ich halte den Ausstieg aus der Atomenergie für unvernünftig/unverantwortlich/schädlich/unüberlegt, denn ... .

Zum Thema „Atomenergie: ja oder nein" findet eine Veranstaltung statt.
Welche Einstellung vertreten Sie?
Schreiben Sie eine kurze Rede, in der Sie Ihre Position darstellen, und tragen Sie sie im Plenum vor.

Holger engagiert sich ehrenamtlich beim Roten Kreuz, weil er anderen Menschen helfen will.

Geben ist seliger als Nehmen

Immer mehr Menschen engagieren sich ehrenamtlich. Es geht dabei um eine unbezahlte und freiwillige Tätigkeit in kirchlichen, kulturellen und sozialen Organisationen, aber auch im sportlichen und Freizeitbereich.
Warum sind viele Menschen ehrenamtlich aktiv?

Bilden Sie Sätze mit „weil".

Agnes, 64, Rentnerin, leitet ein Gemeindecafé:
als Mutter von vier Kindern hat sie Erfahrung im Organisieren
die Arbeit macht viel Freude, viel Spaß
der Kontakt mit den vielen Menschen hält vital und jung
die ehrenamtliche Tätigkeit wirkt sich positiv auf das eigene Leben aus

Holger, 42, Tierarzt und Mitarbeiter beim Deutschen Roten Kreuz:
will anderen Menschen helfen
kann sein Fachwissen einbringen
kann seine Kenntnisse erweitern
das Ehrenamt nutzt ihm auch beruflich

Anna, 28, Informatikerin und aktiv tätig bei der Betreuung von HIV-Infizierten:
findet für ihre Tätigkeit Anerkennung
kann Lebenserfahrung gewinnen
kann Eigenverantwortung übernehmen
die Arbeit stärkt das Selbstwertgefühl

Ich habe schon mal ehrenamtlich bei/in ... gearbeitet.
Ich engagiere mich zur Zeit ehrenamtlich bei/in ... .
Viele Menschen übernehmen ein Ehrenamt, weil ... .
Die Menschen sind ehrenamtlich aktiv, weil ... .
Junge Leute engagieren sich ehrenamtlich, weil ... .

Waren Sie schon mal ehrenamtlich aktiv? Warum engagieren sich immer mehr und besonders junge Menschen ehrenamtlich?

In den USA, aber auch in Großbritannien und in den Niederlanden gibt es viel mehr ehrenamtliche Aktivitäten als in anderen Ländern. Wie ist die Situation bei Ihnen?
Was kann man tun, um mehr Menschen für ehrenamtliche Tätigkeiten zu interessieren?
Notieren Sie in Gruppen Vorschläge. Diskutieren Sie im Plenum.

Wohngemeinschaften

Ich möchte in einer WG wohnen, weil allein wohnen teuer ist. Wohnen in einer WG ist nichts für mich, weil man nie allein ist.

Wohngemeinschaften (WGs) erleben zur Zeit ihr Comeback. Allein wohnen ist teuer und man ist oft einsam. Nicht nur junge Leute teilen zu zweit oder zu dritt eine Wohnung oder ein Haus, auch ältere Menschen suchen Untermieter für ihre Wohnungen und Häuser und bilden eine Art Großfamilien. Möchten Sie in einer WG wohnen?

Bilden Sie Sätze wie im Beispiel.

Allein wohnen ist teuer.
Es mangelt an guten und billigen Wohnungen.
Man hat jemanden zum Reden.
Man bekommt neue Freunde.
Man langweilt sich nie.
In einer WG ist immer etwas los.

Man ist nie allein.
Das Zusammenleben mit anderen Menschen erfordert viel Toleranz und Disziplin.
In einer WG hat man nie Ruhe.
Alle Mitbewohner müssen auf die anderen Rücksicht nehmen.
Man muss sich strikt an den Putzplan halten.
Man muss sich immer nach seinen Mitbewohnern richten.
Die meisten Menschen wollen ihr Privatleben für sich behalten.

Möchten bzw. können Sie in einer Wohngemeinschaft wohnen? Notieren Sie die Gründe.

Ich möchte in einer Wohngemeinschaft wohnen, weil ... .
Ich denke, ich kann in einer Wohngemeinschaft wohnen, weil ... .
Wohnen in einer WG kommt für mich nicht in Frage, weil ... .
Wohnen in einer Wohngemeinschaft ist nichts für mich, weil ... .
Ich finde, (nur) junge / (auch) ältere Leute können in einer WG wohnen, weil ... .

Sie möchten eine Wohngemeinschaft gründen. Sie haben ein freies Zimmer und Sie suchen noch einen Mitbewohner / eine Mitbewohnerin.
Schreiben Sie in Gruppen eine Anzeige für die Zeitung. Was erwarten Sie von Ihren potentiellen Mitbewohnern? Welche Charaktereigenschaften sollen sie mitbringen? Begründen Sie Ihre Anforderungen und vergleichen Sie Ihre Anzeigen im Plenum.

Melanie ist Soldatin geworden, weil das ihr absoluter Traumberuf ist. Brigitte hat sich zur Bundeswehr gemeldet, weil sie sich schon immer für Technik interessiert hat.

Soldatinnen

Bei der Bundeswehr brechen völlig neue Zeiten an. Zahlreiche Rekrutinnen melden sich zum Dienst an der Waffe. Für Frauen sind jetzt alle Bereiche in der Armee geöffnet. Und diese Tatsache sorgt überall für Diskussionen.
Vier Frauen erklären, warum sie diesen Berufsweg eingeschlagen haben.

Bilden Sie Sätze wie im Beispiel.

Melanie, 20: ihr absoluter Traumberuf
ein klassischer Frauenberuf kommt nicht in Frage
schon als Kind neugierig auf die Bundeswehr
hat Verwandte und Bekannte bei der Bundeswehr

Brigitte, 19: hat sich schon immer für Technik interessiert
die Bundeswehr bietet viele Möglichkeiten
findet typische Frauenberufe langweilig

Monika, 19: eine Freundin von ihr ist zur Bundeswehr gegangen
mag die tägliche Abwechslung im Dienst
legt viel Wert auf gute Kameradschaft
der Wehrdienst ist durch starken Teamgeist geprägt

Anke, 23: die Bundeswehr bietet einen sicheren Arbeitsplatz
es gibt gute Karrieremöglichkeiten

Frauen bei der Bundeswehr finde ich völlig o.k./falsch, weil … .
Ich glaube, Frauen sollen/können/dürfen sich bei der Armee bewerben, weil … .
Meiner Meinung nach melden sich heutzutage viele / nur wenige Frauen zum Wehrdienst, weil … .
Ich finde es richtig/falsch, dass die Bundeswehr alle Bereiche für Frauen geöffnet hat, weil … .
Frauen sollen nur den Sanitätsdienst leisten, weil … .

Frauen bei der Bundeswehr – finden Sie das richtig? Notieren Sie Ihre Argumente.

Dürfen in Ihren Ländern Frauen Militärdienst leisten? Wo setzt man sie ein? Wie reagiert die Öffentlichkeit darauf? Informieren Sie sich in Gruppen und bereiten Sie ein Statement zu diesem Problem vor. Präsentieren Sie Ihre Ergebnisse im Plenum.

Bodybuilding

Viele Menschen machen Bodybuilding, weil sie eine gute Figur bekommen wollen. Millionen Menschen trainieren in Sportstudios, obwohl das oft richtig viel Geld kostet.

Fit zu sein gilt als schick. Deshalb schwitzen Millionen Menschen regelmäßig in Sportstudios und Fitnesscentern. Doch nicht alle Menschen finden Muskeln schön. Und nicht immer macht Bodybuilding gesund.

Bilden Sie Sätze wie im Beispiel.

Pro

macht fit und kräftig
einen trainierten Körper zu haben gilt als schick
man wird selbstbewusster
man sieht attraktiver aus
man kann seinen Körper selbst „gestalten", formen
man wird von anderen bewundert
viele wollen mit ihrer Figur angeben
das stärkt das Selbstgefühl
im Fitnesscenter kann man Kontakte knüpfen

Contra

kostet oft richtig viel Geld
zu viele oder zu starke Muskeln sehen manchmal nicht ästhetisch aus
andere Interessen kommen zu kurz
gefährdet manchmal die Gesundheit
zu viele Muskeln stören beim Schwimmen, Laufen, Fahrradfahren usw.

Machen Sie selbst Bodybuilding? Kennen Sie Menschen, die Bodybuilding machen? Notieren Sie die Gründe.

Ich mache (kein) Bodybuilding, weil/obwohl ... .
Aber ich mache/treibe ... .
Wenn Männer/Frauen/Menschen Bodybuilding machen, finde ich das gut / in Ordnung / furchtbar, weil/obwohl ... .
Die meisten fangen mit Bodybuilding an, weil ... .

Sie schreiben eine Reportage über jemand, der Bodybuilding macht. Was möchten Sie erfahren? Sammeln Sie in Gruppen eine Liste von 8 bis 10 Fragen bzw. Problemen, die Sie mit Ihrem Gesprächspartner diskutieren möchten.
Inszenieren Sie die Gespräche im Plenum.

Annika wohnt gern auf dem Land, weil sie sich hier frei fühlt. Sie wohnt gern auf dem Land, obwohl man sich nicht so schnell an das einfache Leben gewöhnt.

Landidyll

„Auf dem Dorf ist doch nichts los!" Vorurteile über das Leben auf dem Land gibt es viele. Ist es wirklich so trostlos, wie viele Großstädter glauben, oder hat das Leben auf dem Land auch seine Reize?

Verbinden Sie die Sätze mit „weil" oder „obwohl".

Annika, 26, wohnt gern auf dem Land.
Sie fühlt sich hier frei.
Sie ist zufrieden und ausgeglichen.
Man macht sich weniger Gedanken über Klamotten und Aussehen.
Man gewöhnt sich nicht so schnell an das einfache Leben.

Bernd, 44, mag das Leben auf dem Land.
Es ist nicht viel los.
Zum nächsten Ort braucht man mit dem Auto oft eine halbe Stunde.
Man fühlt sich ständig beobachtet.
Das Leben ist manchmal eintönig, es gibt wenig Abwechslung.

Christine, 35, ist froh, dass sie vor 5 Jahren aufs Land gezogen ist.
Es gibt kaum Einkaufsmöglichkeiten.
Man kann die Kinder zu Fuß gehen lassen.
Die Natur gehört zum alltäglichen Leben.
Man braucht keine Schallschutzfenster.

Robert, 56, bekommt richtige Sehnsucht nach dem Dorfleben, wenn er geschäftlich in eine Großstadt kommt.
In der Stadt vermisst man das Gefühl von Geborgenheit.
Auf dem Land ist alles überschaubar und persönlich.
Auf dem Land wird man immer freundlich bedient.
Auf Festen trifft man viele Bekannte und Freunde.

Möchten Sie auf dem Land leben? Warum (nicht)?

Ich möchte gern auf dem Land leben, weil … .
Ich möchte gern aufs Land ziehen, obwohl … .
Das Leben auf dem Land ist nichts für mich, weil … .
Das Leben auf dem Land gefällt mir (nicht), obwohl … .

Sie sind Bürgermeister/in in einer abgelegenen Kleinstadt (etwa 10 000 Einwohner). In Ihrer Stadt wird ein neuer Betrieb gebaut und Sie brauchen Spezialisten, am besten aus einer Großstadtfirma.
Schreiben Sie in Gruppen ein Werbeplakat für Ihre Stadt und präsentieren Sie Ihre Plakate im Plenum.

Kunst als Beruf

Viele träumen von einer Schauspieler- oder Malerkarriere, obwohl künstlerische Berufe nicht nur Licht-, sondern auch Schattenseiten haben.

Es gibt viele Menschen, die eine kreative Ader haben und in ihrem Job Abwechslung und Phantasie brauchen, dennoch entscheiden sich nur wenige für einen richtigen Künstlerberuf. Warum?

Verbinden Sie die Sätze mit „obwohl".

Viele träumen von einer Schauspieler- oder Malerkarriere. Künstlerische Berufe haben nicht nur Licht-, sondern auch Schattenseiten.

Viele wollen als Künstler arbeiten. Künstlerberufe sind oft mit Schwierigkeiten und Entbehrungen verbunden.

Vor allem junge Leute möchten als Künstler erfolgreich werden. Künstler haben oft keinen geregelten Arbeitstag.

Viele können von ihrer Kunst nicht leben. Sie schließen die Kunsthochschule mit Auszeichnung ab.

Viele Künstler möchten mit keinem gut verdienenden Geschäftsmann tauschen.
Sie müssen oft auf Urlaub, Freunde und Familie verzichten.

Viele träumen von diesem Beruf. Der Berufsalltag von Schauspielern besteht aus Proben und Abendaufführungen.

Oft bringen junge Künstler vollen Einsatz. Sie verdienen gerade mal so viel wie eine Verkäuferin.

Kommt ein künstlerischer Beruf für Sie in Frage? Warum (nicht)?

Ich bin gern künstlerisch aktiv, obwohl ... .
Obwohl ..., kommt ein künstlerischer Beruf für mich nicht/kaum in Frage.
Ein künstlerischer Beruf wäre nichts für mich, obwohl ... .
Obwohl Berufe im künstlerischen Bereich hohe Anforderungen stellen, ...
Ich würde gern in einer künstlerischen Branche tätig sein, obwohl ... .

Sie sollen ein Interview mit einem bekannten Künstler / einer bekannten Künstlerin machen. Was könnten Sie ihn/sie fragen? Schreiben Sie eine Liste mit Fragen bzw. Problemsituationen für das Interview und präsentieren Sie Ihre Ideen im Plenum.

Außenseiter sind Menschen, die anders als die anderen sind.

Außenseiter

Zu dick. Zu verklemmt. Zu dunkelhäutig. Zu spießig. Eben anders als die anderen: Außenseiter. Was sind das für Menschen?

Ergänzen Sie die Sätze wie im Beispiel.

Außenseiter sind Menschen, ...
Außenseiter sind diejenigen, ...
Zum Außenseiter kann jeder/jede werden, ...
Außenseiter ist jemand, ...

Außenseiter sind anders als die anderen.
Sie wirken oft fremd und ungewöhnlich.
Sie wollen sich nicht nach den anderen richten.
Außenseiter entsprechen nicht den Normen.
Sie versuchen nicht sich anzupassen.
In der Regel sind sie sehr eigensinnig.
Außenseiter vermissen Akzeptanz, Verständnis und Liebe.
Außenseiter empfinden ihr Anderssein in der Regel als Last.
Außenseiter fallen auf.
Sie finden schwer Freunde.
Sie sind oft allein.

Kennen Sie Außenseiter?

Ich kenne jemand, der/die ... .
Bei uns im Büro gibt es eine Frau, die ... .
In unserem Haus wohnt ein Mann, der ... .
Er/Sie ist/hat zwar ..., aber er/sie ist nicht der Typ, der ... .
Als Kind kannte ich eine Person, die ... .
In unserer Klasse hatten wir einen Jungen, der ... .
Ich kenne keinen, der ... .

Zu Außenseitern werden Menschen, wenn die Umgebung (die Klasse, die Studiengruppe, die Arbeitskollegen, die Gesellschaft, ...) sie nicht akzeptiert.
Beschreiben Sie in Gruppen eine typische Außenseiter-Situation und notieren Sie Stichpunkte auf einem Zettel.
Präsentieren Sie die Situationen im Plenum.

Fußballfans

Als Fans bezeichnet man Menschen, die zum größten Teil in Fanclubs organisiert sind.

Die echten Fußballfans gehen regelmäßig ins Stadion und fahren meist zu Auswärtsspielen. Sie jubeln, sie weinen, sie schwenken Transparente, sie blasen Trompeten, sie werfen Kleidungsstücke in die Luft. Und sie zittern jedes Mal, wenn ihre Mannschaft den Ball verliert.

Ergänzen Sie die Relativpronomen.

Als Fans bezeichnet man Menschen, ________ zum größten Teil in Fanclubs organisiert sind.

Fans sind diejenigen, ________ regelmäßig ins Stadion gehen.

Echte Fans sind Menschen, ________ meist auch zu Auswärtsspielen fahren, um ihre Mannschaft zu unterstützen.

Ein Fan ist eine Person, ________ eine Mütze und einen Schal in den Vereinsfarben trägt.

Fans sind diejenigen, ________ Rituale wie das Schwenken von Vereinsfahnen, Gesänge und das Abbrennen von bengalischen Feuern zelebrieren.

Ein Fan ist jemand, ________ seine Mannschaft anfeuert.

Fans sind diejenigen, ________ im Stadion jubeln und weinen.

Ein Fan ist eine Person, ________ in der Regel eine große Sammlung von Souvenirs und Fanartikeln besitzt.

Als Fans bezeichnet man Menschen, ________ für ihre Leidenschaft viel Geld ausgeben.

Sind Sie selbst ein Fan? Haben Sie schon Fans gesehen bzw. erlebt?

Ich selbst bin ein (leidenschaftlicher/großer) Fan von ... / kein Fan, der ... .
Fans sind meist junge Leute, die ... .
Ein Bekannter / Ein Freund von mir ist ein echter Fan, der ... .
Ich habe schon (mal/oft) Fußballfans gesehen, die ... .
Meiner Meinung nach sind Fußballfans Menschen, die ... .
Ich habe (manchmal / ziemlich oft / ab und zu) Angst/Respekt vor den Fußballfans, die ... .

Auch Sänger und Sängerinnen, Musikgruppen und sogar Schauspieler haben ihre Fans. Was sind das für Menschen (Geschlecht, Alter, Hobbys, Interessen), was ist typisch für sie? Wo sehen Sie den Grund für ihre „Leidenschaft"? Schreiben Sie in Gruppen eine kurze psychologische Studie zum Thema „Fans und ihre Idole". Stellen Sie Ihre Studien im Plenum vor und beantworten Sie Fragen.

Ein idealer Partner für Kerstin ist jemand, der sich um sie kümmert. Als ideale Partnerin gilt für Andreas eine Frau, die ihn nie belügt.

Ein idealer Partner

Beschreiben Sie den idealen Partner / die ideale Partnerin für diese fünf Personen wie im Beispiel.

Kerstin, 43: Ein idealer Partner? Er kümmert sich um mich. Er ist sozial engagiert und sehr intelligent. Er hat Sinn für Humor. Und ich liebe ihn über alles.

Andreas, 23: Eine ideale Partnerin? Sie belügt mich nie. Sie hat immer ein offenes Ohr für meine Probleme. Sie hat dieselben Interessen, mag dieselbe Musik und macht gern Sport.

Brigitte, 33: Ein idealer Partner respektiert mich, er ist zärtlich und liebevoll. Und er ist immer pünktlich. Er denkt an mich Tag und Nacht. Ja, Geld und ein schickes Auto sollte er auch haben.

Tim, 29: Meine Partnerin soll politisch interessiert sein. Ich mag keine Frauen, die sich nur für Klamotten interessieren. Ich möchte mich auf sie verlassen können. Sie ist sparsam und legt nicht viel Wert auf Komfort.

Annette, 47: Ich habe schon ein paar Enttäuschungen hinter mir. Ich suche einen Partner fürs Leben. Er soll zuverlässig sein und in allen Situationen zu mir stehen. Er soll musikalisch sein oder ein anderes kreatives Hobby haben. Auf keinen Fall soll er nachtragend sein. Er soll über kleine Fehler bei anderen hinwegsehen können.

Wie stellen Sie sich einen idealen Partner / eine ideale Partnerin vor?

Ein idealer Partner ist für mich jemand/derjenige, der/den ... .
Ich wünsche mir einen Partner, der/den ... .
Ideal ist für mich ein Partner / eine Partnerin, der/die ... .
Ich träume von einem Mann / einer Frau, der/die ... .
Jemand, der/den ..., ist ein idealer Partner für mich.

Einigen Sie sich in Gruppen auf zehn wichtige Charaktereigenschaften und bringen Sie sie in eine Rangordnung. Präsentieren Sie die Listen im Plenum und diskutieren Sie.

Das intelligente Haus

Das „intelligente Haus“ ist das Haus, in dem alles von selbst funktioniert, wenn die Bewohner nicht zu Hause sind.

Auf halbem Weg zur Arbeit steigt die Furcht auf: Habe ich die Kaffeemaschine ausgestellt? Da kann man nur umkehren und nachsehen. Oder man muss den Rest des Tages mit Zweifeln und Horrorvisionen leben. Das kann in einem intelligenten Haus nicht passieren! Was ist ein intelligentes Haus: Traum oder Wirklichkeit?

Ergänzen Sie die Sätze mit dem Relativpronomen und gegebenenfalls einer Präposition.

Das „intelligente Haus“ ...

ist heute schon Realität, __________ wir vielleicht alle bald leben werden.
ist ein Haus, __________ uns das Leben leichter machen soll.
ist das Haus, __________ alles von selbst funktioniert, wenn die Bewohner nicht zu Hause sind.
ist der schlaue Kühlschrank, __________ bei Bedarf selbstständig Lebensmittel nachbestellt.
ist auch der Backofen, __________ auf das Wort „Hähnchen“ hört, den Zeitschalter stellt und das Ende der Backzeit meldet.
sind Überwachungssysteme, __________ feststellen, ob alle Fenster geschlossen sind, und __________ den Wachdienst bei Einbruch benachrichtigen.
ist auch die Kaffeemaschine, _______ sich morgens automatisch einschaltet.
ist die Heizung, __________ sich automatisch ausschaltet, wenn das Fenster geöffnet wird.
ist das Haus, __________ durch Lichtspiele und Jalousiensteuerung simuliert, dass das Haus bewohnt ist.
sind viele PCs, __________ das Haus mit dem Internet verbinden.
ist hoch entwickelte Technik, __________ aber auch ihre Tücken hat.
ist ein Traum, __________ bis heute nur wenige verwirklichen konnten.

Möchten Sie in einem „intelligenten“ Haus wohnen? Welche Geräte, die Ihnen das Leben bequemer machen könnten, wünschen Sie sich?

Das intelligente Haus ist für mich ein Haus, das / in dem ... .
Ich möchte gern in einem Haus wohnen, das / in dem ... .
Ich wünsche mir viele intelligente Hausgeräte, die / mit denen ... .
Ich möchte gern eine Kaffeemaschine/Waschmaschine/Spülmaschine, die ... .
Ich möchte auch ein Alarmsystem / ein Überwachungssystem installieren, das / mit dem ... .

Sie sind eine Gruppe von Architekten, die den Auftrag bekommen hat, ein modernes, nach dem neusten technischen Stand ausgerüstetes Haus zu bauen. Für den Besitzer ist auch der ökologische Aspekt sehr wichtig.
Erarbeiten Sie in Gruppen eine Liste von Vorschlägen und präsentieren Sie Ihre Vorschläge im Plenum.

Wenn man die Sendungen sieht, die heute auf den Hauptkanälen laufen, – das ist Wahnsinn.

Fernsehen

Niemals zuvor sind die Menschen mit Informationen so regelrecht überflutet worden wie heute. Das Fernsehen lockt die Zuschauer mit spektakulären Bildern, nicht selten von Mord und Totschlag, weil sich diese Bilder leicht verkaufen. Qualität bleibt dabei oft auf der Strecke.

Ergänzen Sie die Sätze mit dem Relativpronomen.

Christoph, 40: Wenn man die Sendungen sieht, ________ heute auf den Hauptkanälen laufen, – das ist Wahnsinn. Es gibt nicht viele Filme, in ________ Schauspieler glänzen können. Wir werden ja geradezu bombardiert mit Talkshows, ________ langweilig und manchmal sogar peinlich sind und in ________ die Kandidaten ganz verrückte Sachen machen müssen. Heute haben wir leider ein Fernsehprogramm, ________ die Zuschauer regelrecht blöd macht.

Dagmar, 53: Ich sehe nicht so oft fern. Ab und zu Nachrichten, ________ politische Probleme und Ereignisse kommentieren. Ich mag auch naturwissenschaftliche Sendungen, ________ was fürs Auge bieten und in ________ der Spaßfaktor auch nicht zu kurz kommt.

Bernd, 72: Es gibt momentan viel zu viele Filme , in ________ die Qualität eher bescheiden ausfällt, in ________ es zu wenig neue Talente gibt. Die erste Frage, ________ die Produzenten stellen, ist die Frage nach den Einschaltquoten. Fernsehen, ________ nur auf Profit und Sensationen aus ist, wird auf die Dauer langweilig oder macht aggressiv.

Andreas, 21: Ich glaube, dass freie Massenmedien, darunter das Fernsehen, für die Gesellschaft, in ________ wir leben, wichtig sind. Gut finde ich die Sendungen, ________ die Entscheidungen einzelner Parteien und Institutionen kontrollieren.

Daniel, 37: Es müssen nicht immer Spielfilme im Fernsehen laufen. Es gibt ja nicht sehr viele, ________ wirklich gut sind. Meinetwegen könnte es mehr Dokumentarfilme geben. Gern sehe ich auch Sportsendungen, ________ live übertragen werden.

Wie oft sehen Sie fern? Welche Art von Sendungen/Filmen gefällt Ihnen?

Ich sehe circa ... Stunden am Tag / In der Woche fern.
Normalerweise/Meistens/Manchmal sehe ich abends/tagsüber fern, denn da laufen Sendungen/Filme, die / in denen ... .
Ich mag Sendungen/Filme, die / in denen ... .
Ich vermisse / Es gibt zu wenig Sendungen, die ... .

Erarbeiten Sie in Gruppen Schwerpunkte für ein „gutes" Fernsehprogramm und vergleichen Sie Ihre Vorschläge im Plenum.

Weihnachten: Familientreffen oder Party?

> Für mich ist Weihnachten der schönste Tag im Jahr, an dem wir den Tannenbaum schmücken und die Krippe aufstellen.

An Weihnachten gibt es Ferien, Geschenke, und viele Familien treffen sich, um die Feiertage miteinander zu verbringen. Religiös betrachtet, ist Weihnachten ein Friedensfest, aber wenn wir die Welt betrachten, ist davon wenig zu spüren. Die Weihnachtszeit ist kommerziell, laut und stressig geworden.

Ergänzen Sie die Sätze mit dem Relativpronomen und gegebenenfalls einer Präposition.

Helga, 34: Für mich ist Weihnachten der schönste Tag im Jahr, __________ wir den Tannenbaum schmücken und die Krippe aufstellen. Am Abend werden dann Lieder gesungen und Gedichte aufgesagt. Meine Kinder spielen dann noch eine kleine Geschichte, __________ ich mit ihnen vorbereitet haben. Das ist alles sooo schön.

Christian, 18: Weihnachten ist ein Fest, __________ ich altmodisch finde. Früher hatten solche Feste vielleicht Sinn, aber heute? Schließlich leben wir im 21. Jahrhundert, __________ die Menschen in den Weltraum fliegen. Wenn schon feiern, dann eine Party, __________ ich alle meine Freunde einladen möchte.

Elisabeth, 68: Weihnachten ist der Geburtstag von Christus, __________ man unmöglich mit lauten Partys und schriller Musik verbinden kann. Meine Familie ist nicht sehr religiös, aber bei uns ist Weihnachten eine Art Familientreffen, __________ sich alle wochenlang im Voraus vorbereiten.

Ralf, 24: Weihnachten abschaffen! Das Ganze ist nur Theater, __________ alle mitmachen. Dieses weihnachtliche Getue, die aufgezwungene Feierlichkeit, die rührselige Stimmung – das sind Sachen, __________ ich wirklich verzichten kann.

Bettina, 43: Weihnachten sind für mich ein paar schöne Tage, __________ ich endlich ausschlafen kann und nicht ins Büro gehen muss. Das ist die Zeit, __________ ich mich immer freue.

Bedeutet Ihnen Weihnachten etwas?

Weihnachten ist das Fest, das / an dem ... / die Zeit, die / in der ... .
Weihnachten ist bei uns der wichtigste Feiertag, der / an dem / auf den ... .
Für mich ist das eine Zeit, die / in der ... .
Für mich sind Weihnachten die schönsten Tage, die / an denen / auf die ... .
Bei uns ist Weihnachten kein Fest, das / an dem ... .

Was ist für Sie das wichtigste Fest im Jahr? Was bedeutet dieses Fest für Sie? Berichten Sie im Plenum über das Fest (Termine, Essen, Aktivitäten usw.).

Als multikulturell bezeichne ich das Land, in dem ich persönlich kein Problem habe, mich anzupassen.

Ein multikulturelles Land – was ist das?

Ergänzen Sie die Sätze mit dem Relativpronomen und gegebenenfalls einer Präposition.

Ann-Mari, 59: Als multikulturell bezeichne ich das Land, __________ ich persönlich kein Problem habe, mich anzupassen. In einem multikulturellen Land wie Deutschland zu leben hat viele Vorteile, __________ man als Ausländer im Alltag genießt.

Monika, 36: Ein multikulturelles Land ist für mich ein Land, __________ frei von Vorurteilen ist, __________ die Vielfältigkeit der Sprachen und Kulturen schon längst zur Normalität geworden ist und __________ anderes Aussehen, andere Denkmuster und andere Verhaltensweisen akzeptiert werden.

Christian, 29: Ein multikulturelles Land ist für mich eine Vereinigung von Menschen, __________ verschiedene Sprachen sprechen und auch verschiedene Kulturen haben und __________ versuchen, sich gemeinsam zurechtzufinden und sich zu verstehen. Multikulturell ist für mich ein Land, __________ alle füreinander Verständnis aufbringen.

Aziza, 25: Ein multikulturelles Land, das sind in erster Linie weltoffene tolerante Menschen, __________ jeden so akzeptieren wie er ist. Deutschland kann ich nicht als multikulturelles Land bezeichnen. Es gibt hier zwar viele Ausländer, __________ aus Europa, Amerika und Afrika kommen, und viele Restaurants und Cafés, __________ man chinesisch, italienisch und griechisch essen kann, aber das hat doch mit einer multikulturellen Gesellschaft noch nichts zu tun. Ein Land, __________ es viele ausländische Geschäfte gibt, ist noch lange nicht multikulturell.

Alexander, 33: In einem multikulturellen Land ist das Zusammenleben von Menschen möglich, __________ verschiedene Traditionen, Hautfarben und Kulturen haben. Es ist ein gleichberechtigtes und friedliches Zusammensein von Menschen, __________ bereit sind, voneinander zu lernen, sich zu respektieren und sich um Verständigung zu bemühen.

Was ist für Sie ein multikulturelles Land?

Multikulturell ist ein Land, das / in dem ... .
Als multikulturell würde ich (nicht unbedingt) das Land bezeichnen, das / in dem / wo Einwohner/Politik/Behörden/Gesetze ... .
In einem multikulturellen Land leben Menschen, die / für die / von denen ... .

Ist Deutschland ein multikulturelles Land? Einigen Sie sich in Gruppen auf eine Meinung. Tragen Sie Argumente zusammen, die Ihr Statement belegen, und präsentieren Sie die Gruppenergebnisse im Plenum.

Freunde

Freunde sind Menschen, zu denen wir vollstes Vertrauen haben. Freunde sind diejenigen, auf die wir hören.

„Ein Freund, ein guter Freund, das ist das Schönste, was es gibt auf der Welt!" So heißt es in einem alten deutschen Schlager. Stimmt das? Was bedeuten uns Freunde? Welche Eigenschaften sollten sie haben?

Bilden Sie Relativsätze wie im Beispiel.

- zu ihnen haben wir vollstes Vertrauen
- auf sie hören wir
- sie hören uns zu, wenn wir ein Problem haben
- sie antworten uns, wenn wir Fragen haben
- mit ihnen können wir über alles reden
- ihnen können wir unsere Geheimnisse anvertrauen
- sie sagen uns ehrlich ihre Meinung
- sie zeigen uns nie, dass sie schlechte Laune haben
- mit ihnen können wir alles teilen
- sie kennen wir lange und gut
- auf sie freuen wir uns immer, wenn sie kommen
- zu ihnen können wir kommen, wann wir wollen

Was verstehen Sie unter Freunden?

Freunde sind (meiner Meinung nach) diejenigen, die / denen / mit denen / auf die … .
Ich glaube, gute Freunde sind in der Regel Menschen, die / mit denen / deren … .
Ich bin fest davon überzeugt, dass Freunde Vertrauenspersonen sind, die / mit denen … .
Ohne meine Freunde hätte ich niemand/keinen, der / zu dem / mit dem … .

Schreiben Sie auf Zettel Eigenschaften, die Ihrer Meinung nach Freunde charakterisieren und sie von Bekannten unterscheiden. Vergleichen Sie in Gruppen, was Sie an Eigenschaften gesammelt haben, und machen Sie eine Rangliste.
Präsentieren Sie die Listen im Plenum.

Meine Frau hat so einen komischen Tick. Wenn sie nach Hause kommt, fängt sie mit dem Aufräumen an.

Marotten

Jeder hat seine Marotten. Manche können sehr nett sein, andere finden die Mitmenschen eher seltsam oder unangenehm.

Ergänzen Sie „wenn“ oder „als“.

Herbert, 47: Meine Frau hat so einen komischen Tick. __________ sie nach Hause kommt, fängt sie mit dem Aufräumen an. Sie ist ein extrem ordentlicher Typ und es stört sie, __________ Sachen nicht an ihrem Platz liegen. __________ ich im Wohnzimmer Chips esse, regt sich meine Frau furchtbar auf. Sie hat Angst, ich brösele den Teppich voll. Das nervt mich. __________ ich Single war, habe ich höchstens einmal in der Woche aufgeräumt und die Wohnung hat trotzdem gut ausgesehen.

Silvia, 26: Mein Freund macht sich lustig über mich. Aber ich kann erst dann einschlafen, __________ ich meinen Stoffhasen im Arm habe. __________ ich fünf oder sechs Jahre war, habe ich den Hasen von meiner Oma zum Geburtstag bekommen. Der ist schon ziemlich abgewetzt, aber __________ ich zum Beispiel traurig bin oder Probleme habe, setze ich mich in meinen Lieblingssessel, drücke den Hasen ganz fest an mich und heule mich aus. Das hilft tatsächlich.

Margot, 64: Ich wohne allein und fühle mich manchmal ziemlich einsam. Deshalb lade ich fast täglich jemand ein. Früher hat es allerdings Probleme gegeben. Meine Nachbarin hat sich beschwert, __________ es zu laut war. Da habe ich sie auch eingeladen. Wir haben uns lange unterhalten. Jetzt beschwert sie sich nicht, auch __________ es mal laut wird, sondern kommt einfach zu mir.

Erzählen Sie von Marotten – fremden und eigenen.

Ich … . Das ist eine Marotte von mir.
Ich habe einen Freund/Bekannten / eine Freundin/Bekannte. Seine/Ihre Marotte ist, … zu … .
Immer wenn ich/er/sie …, … .
Zum ersten Mal war das / bemerkte ich das, als … .
Ich / Die anderen / Meine Freunde finde(n) das (nicht) witzig/lustig/nervig/ lästig/…, wenn ich / mein Freund / meine Freundin … .

Entwerfen Sie in Partner- oder Gruppenarbeit eine Geschichte zum Thema „Marotten und ihre Folgen“. Schreiben Sie einen Stichpunktzettel und erzählen Sie Ihre Geschichten im Plenum.

Eine Frau als Chef

Während Frauen in der Regel besser im Team arbeiten, wollen Männer alles im Alleingang machen.

Männer machen Karriere – alles in Ordnung. Frauen machen Karriere – Männer verhungern, Kinder verwahrlosen, die Familie geht kaputt.
Frauen sollen die gleichen Chancen wie Männer haben. Dafür wurden Frauenquoten erfunden. Es gibt aber nach wie vor nur wenige Frauen in Führungspositionen.

Was passst zusammen? Verbinden Sie die Sätze mit „während“.

Frauen:
arbeiten in der Regel besser im Team
sind oft kooperativ und integrativ
verhalten sich oft defensiv
stellen an sich selbst zu hohe Erwartungen
sind manchmal zu sensibel, zu respektvoll
haben oft nicht den Mut, ins kalte Wasser zu springen
legen in der Regel viel Wert auf ein gutes Arbeitsklima
sind eher bereit, die Macht zu teilen
legen in der Regel mehr Diplomatie und Geduld an den Tag

Männer:
wollen alles im Alleingang machen
lehnen Gefühle oft ab
wollen in der Regel allein entscheiden
haben mehr Risikobereitschaft
sind meistens zäh, souverän, selbstsicher
finden sich selbst oft unwiderstehlich
haben häufig mehr Selbstvertrauen
legen weniger Wert auf Konfliktmanagement
halten sich oft für den Nabel der Welt

Worin sehen Sie den Unterschied zwischen Frauen und Männern im Beruf? Worin liegen die Stärken der einen und die Kompetenzen der anderen?

Während Frauen ... sind/haben, sind/haben Männer ... .
Während Frauen viel Wert auf ... legen, halten Männer ... für besonders / gar nicht wichtig.
Während Männer zu ... tendieren, möchten Frauen ... .

Sie sind Mitglieder des Betriebsrates einer großen internationalen Firma. Um den Posten des Generaldirektors der Firma bewerben sich zwei Kandidaten: ein Mann und eine Frau mit gleicher Berufserfahrung und gleichen Kompetenzen. Der Betriebsrat soll seine Empfehlungen abgeben.
Besprechen Sie in Gruppen alle Argumente für und gegen beide Kandidaten. Schreiben Sie ein kurzes Resümee und präsentieren Sie Ihre Meinung im Plenum.

Petra liest ihrer Tochter Märchen vor,
damit die Kleine die Märchenwelt
kennen lernt.
Brigitte liest Märchen,
um sich zu entspannen.

Märchen

Schreiben Sie die Texte wie im Beispiel um.

Petra, 37: Ich mag Märchen. Als Kind habe ich oft Märchen gelesen. Jetzt lese ich sie meiner kleinen Tochter vor. Ich will, dass meine Kleine die schöne und geheimnisvolle Märchenwelt kennen lernt, dass Märchen ihre Phantasie und Kreativität fördern.

Brigitte, 62: Ich finde die meisten Märchen wunderschön. Die modernen Liebesromane sind ja auch Märchen. Ich lese sie immer gern. Das ist keine anspruchsvolle Literatur. Man liest so etwas zum Schmökern. Man will sich entspannen, den alltäglichen Sorgen und Problemen entfliehen.

Andreas, 42: Ich kann mich noch sehr gut an meine Oma erinnern. Sie hat mir viele Märchen erzählt. Immer vor dem Schlafen. Sie meinte, dass Kinder nach einem Märchen ruhiger und besser schlafen. Ich selbst lese natürliche keine Märchen, höchstens ab und zu mal einen Science-Fiction-Roman. Meine Freundin sagt, das sind auch Märchen. Ich möchte mir die Welt in 100 Jahren vorstellen.

Wie stehen Sie zu Märchen?

Als Kind habe ich Märchen gelesen, um ... zu ... .
Meine Mutter / Meine Oma hat mir Märchen vorgelesen/erzählt, damit ich ... .
Ich lese oft / nur selten / ab und zu Märchen, um ... zu ... .
Einige / Viele / Die meisten Eltern lesen Ihren Kindern Märchen vor, damit die Kinder / sie / ihr Leben ... .

Sie sind Diplompädagoge/Diplompädagogin und halten einen Vortrag an einem Gymnasium für Eltern und Lehrer. Das Thema ist „Zurück in die Zukunft: Märchen und ihre Rolle in der heutigen Zeit“. Sammeln Sie in Gruppen Schwerpunkte für den Vortrag. Halten Sie Ihre Vorträge im Plenum.

Extremsport: Faszination – Erlebnis – Sucht

Immer mehr Menschen machen Extremsport, um ein atemberaubendes Erlebnis zu haben. Jedes Jahr werden neue Extremsportarten erfunden, damit die Menschen an die eigenen Grenzen stoßen und sie vielleicht überschreiten.

Freeclimbing, Rafting, Gleitschirmfliegen, Bungee-Jumping – ein atemberaubendes Erlebnis, das viele regelrecht süchtig macht. Chaos im Hirn, Freiheit spüren, an die eigenen Grenzen stoßen und sie vielleicht überschreiten – diesen Thrill gibt es im alltäglichen Leben nicht.

Ergänzen Sie die Sätze wie im Beispiel.

Immer mehr Menschen machen Extremsport, ...
Jedes Jahr werden neue Extremsportarten erfunden, ...
Neue Extremsportarten kommen in Mode, ...

ein atemberaubendes Erlebnis haben
an die eigenen Grenzen stoßen und sie vielleicht überschreiten
aus dem Alltag ausbrechen
mit der Gefahr flirten
Freiheit spüren
ein Abenteuer erleben
das Bedürfnis nach Extremen befriedigen
sich selbst pur erleben
eins mit der Natur sein
dabei einen gewissen Nervenkitzel spüren
cool sein und mit der Mode Schritt halten
die Begegnung mit der Natur oder die extreme körperliche Anstrengung erleben
die Verantwortung für das eigene Überleben übernehmen
den „Kick“ spüren
eine persönliche Herausforderung erleben

Machen Sie Sport? Was halten Sie von Extremsport?

Bei uns ist ... die beliebteste Sportart.
Ich selber spiele/mache oft/gelegentlich/manchmal ..., um ... zu ... .
Ich finde, viele Menschen betreiben Extremsport, um ... zu ... / damit ihr Leben ... .
Ich bin der Meinung, die Sportindustrie erfindet immer neue Sportarten, damit die Menschen ... .
Ich finde, man soll Extremsportarten verbieten, damit ... .

Halten Sie im Kurs einen Kurz-Vortrag zum Thema „Extremsport: Bedürfnis oder Modeerscheinung?“. Gehen Sie dabei insbesondere auf die Gründe für den Extremsportboom ein. Beantworten Sie die Fragen zu Ihrem Vortrag.

Viele Menschen schaffen sich Haustiere an, um sich zu entspannen. Einige kaufen zum Beispiel einen Hund, damit er das Haus bewacht.

Menschen und Haustiere

In vielen deutschen Wohnungen und Häusern wohnen nicht nur Menschen, sondern auch Hunde, Katzen, Vögel, Fische und andere Tiere. Meistens gehören Haustiere zur Familie. Sie sind gute Spielkameraden für Kinder, geduldige Zuhörer und treue Freunde.

Ergänzen Sie die Sätze wie m Beispiel.

Viele Menschen schaffen sich Haustiere an, ...
Einige kaufen sich einen Hund / eine Katze / einen Hamster / ..., ...

Menschen fühlen sich nicht so einsam.
Kinder bekommen einen Spielkameraden.
Menschen gehen regelmäßig spazieren.
Man kann leichter Routine und Pflichten von Entspannung und Freizeit abgrenzen.
Man schafft im Alltagstrubel individuelle Freiräume.
Die meisten werden ruhiger, ausgeglichener.
Viele leben bewusster und sorgen besser für sich selbst.
Manche Menschen bekommen sozusagen einen Ersatz für eigene Kinder.
Man hat jemanden, mit dem man reden kann.
Durch Haustiere kann man andere Menschen kennen lernen, neue Kontakte knüpfen.
Kinder lernen Verantwortung für andere zu übernehmen.
Man bewegt sich mehr.
Kinder haben keine Angst, wenn sie abends allein zu Hause bleiben müssen.
Im Umgang mit Tieren können Menschen Stress abbauen.

Wie stehen Sie zu Haustieren?

Ich habe einen/ein/eine ... .
Ich glaube, Menschen kaufen Haustiere, um ... zu ... / damit ihr Leben / ihre Kinder / die Haustiere ... .
Als Kind hatte ich einen/ein/eine ... .
Meine Eltern haben mir einen/ein/eine ... geschenkt/gekauft/gebracht, damit ich ... .

Berichten Sie in Gruppen über die Einstellung zu Haustieren in Ihrem Land. Gibt es überhaupt Haustiere? Wenn ja, zu welchem Zweck? Welche Tiere sind besonders populär? Fassen Sie die Berichte zusammen und präsentieren Sie die Zusammenfassung im Plenum.

Vegetarisch essen?

Ich finde Fleisch eklig, seit ich von Massentierhaltung und von Tierquälerei weiß.

Biologisch, dynamisch, vegetarisch - für immer mehr Menschen spielen diese ökologischen Argumente eine ziemlich große Rolle. Angesichts von Tiertransporten und Massentierhaltung entscheiden sich viele gegen das Fleisch.

Welche Sätze gehören zusammen?

Ich finde Fleisch eklig,
Ich esse eine Currywurst oder einen Hamburger zwischendurch,
Viele Menschen bevorzugen Fertiggerichte wie Gyros, Frikadellen oder Schnitzel,
Die Menschen sollten ihren Fleischkonsum reduzieren,
Ich war überrascht,
Mein Freund hat kein Fleisch mehr gegessen,
Das vegetarische Essen schmeckt nicht so fade und langweilig,
Ich vermeide Fleischprodukte aus Angst vor BSE,
Immer mehr Menschen ernähren sich vegetarisch,

da ihnen das Gemüseschneiden zu aufwendig ist.
wenn ich unterwegs bin.
wie manche Leute vielleicht denken.
als ich zum ersten Mal eine vegetarische Pizza gegessen habe. Sie hat sehr gut geschmeckt.
obwohl ich Fleisch gern mag.
seit ich von Massentierhaltung und von Tierquälerei weiß.
weil das vegetarische Essen heutzutage im Trend liegt.
nachdem er einen Film über Tiertransporte gesehen hat.
damit der Fleischkonsum nicht zu Umweltproblemen beiträgt.

Essen Sie Fleisch? Können Sie auf Fleisch verzichten? Sind Sie Vegetarier(in)?

Ich esse gern / wenig / (fast) kein Fleisch, weil/obwohl ... .
Seit/Nachdem ich ..., bin ich Vegetarier(in).
Ich kann (nicht) auf Fleisch verzichten, wenn ... .
Ich achte auf meine Ernährung, um ... zu ... / damit ... .

Sie sind Gastgeber einer Talkshow zum Thema: „Vegetarisch essen: ja oder nein?“ Welche Gäste möchten Sie einladen, damit die Talkshow interessant verläuft? Begründen Sie Ihre Wahl.
Einigen Sie sich in Gruppen auf thematische Schwerpunkte und formulieren Sie eine Zeitungsannonce für Ihre Talkshow.

Ich finde Mode unheimlich wichtig, weil modische Sachen das Selbstbewusstsein stärken. Man hat mehr Chancen bei Freunden/Freundinnen auf den Partys, wenn man topmodische Klamotten anzieht.

Mode

Mode – stärkt sie das Selbstbewusstsein oder ruiniert sie die Persönlichkeit? Die einen legen viel Wert darauf und investieren jede Menge Geld und Zeit in Ihr Aussehen. Für die anderen ist das Nebensache, man zieht an, was gerade sauber ist, Hauptsache bequem.

Markieren Sie die richtige Konjunktion.

Silvia, 28: Ich finde Mode unheimlich wichtig, obwohl/weil/dass modische Sachen das Selbstbewusstsein stärken. Man hat mehr Chancen bei Freunden/Freundinnen auf den Partys, als/wenn/während man topmodische Klamotten anzieht.

Andreas, 31: Ich glaube, dass/ob/was die Wörter „Mode" und „Kleidung" zusammen „Marke" ergeben. Als/Wenn/Während man irgendwo eine schicke Jeans sieht, sucht man sofort nach dem Etikett. Und bis/weil/falls dann nicht „Esprit", „New Man", „Boss", und wie sie nicht alle heißen, draufsteht, ist die Hose einfach nicht „in".

Veronika, 25: Wenn/Da/Obwohl ich eigentlich nicht so viel Geld für Kleidung ausgeben kann, finde ich Mode doch wichtig. Wenn/Als/Weil die Phantasie mein Motto ist, suche ich für weniger Geld mehr Qualität und Spaß.

Matthias, 23: Ich trage gern Second-Hand-Klamotten und Waren aus Sonderangeboten, nachdem/als/während meine Schwester nur Designersachen kauft, weil/obwohl/wenn sie gern auffällt. Sie kauft sich jeden Monat neue Klamotten, wenn/als/während sich die alten Sachen in ihren Schränken zu Bergen stapeln. Das finde ich unverantwortlich.

Nicole, 37: Ich habe schon viel Geld gespart, bis/weil/obwohl ich eingesehen habe, was/dass/ob Mode die eigene Persönlichkeit ruiniert. Früher habe ich immer neue Sachen gekauft, bevor/bis/nachdem ich kein Geld mehr hatte. Das war wie eine Sucht. Ich konnte den Laden nicht verlassen, nachdem/seit/bis ich die letzte Mark ausgegeben hatte.

Brigitte, 17: Ich finde Klamotten aus Billig-Läden doof. Als/Seit/Nachdem ich „Esprit" für mich entdeckt habe, bin ich richtig zufrieden. Weil/Da/Obwohl die Sachen richtig schön sind, kosten sie nicht so viel.

Wie wichtig ist Mode für Sie?

Ich finde Mode (nicht) wichtig, weil … .
Zu Hause / Bei der Arbeit / In der Freizeit trage ich gern / am liebsten / oft …, weil/obwohl … .
Ich fühle mich souverän und selbstbewusst, wenn/seit … .
Ich fing an mich für Mode zu interessieren, nachdem/als … .

Inszenieren Sie eine Talkshow zum Thema: „Mode: pro und contra"

Jugendliche und Computer

Mit Computern wird das Lernen interessanter gemacht. Bücher werden von jungen Leuten immer weniger gelesen.

Dass der Computer aus unserem Leben nicht mehr wegzudenken ist, wagt kaum jemand zu bestreiten. Ob im Büro oder auf dem Flughafen, im Betrieb oder auf einem Segelboot – Computer sind überall. Damit haben wir uns längst abgefunden und man diskutiert nicht mehr darüber, dass durch das lange Sitzen vor dem Bildschirm gesundheitliche Schäden entstehen. Nun erobert der Computer das Kinderzimmer. Welche Vor- bzw. Nachteile haben Computer für Kinder und Jugendliche?

Formen Sie die Sätze wie im Beispiel um.

Computer machen das Lernen interessanter.
Junge Leute lesen immer weniger Bücher.
Per Computer schließen die Jugendlichen von heute Freundschaften.
Per Computer surfen junge Leute im Internet, sammeln ihre Lebenserfahrungen.
Jugendliche tauschen Nachrichten und Meinungen aus.
Man speichert im Computer wissenschaftliche und wirtschaftliche Informationen.
Man stellt den Jugendlichen auf der ganzen Welt Informationen zur Verfügung.
Schüler und Studenten können Material für ihre Referate im Internet zusammensuchen.
Das Internet schult das Ausdrucksvermögen der Jugendlichen.
Per Computer vermittelt man Informationen klarer und verständlicher.
Per Computer gestaltet man den Schulunterricht interessanter.
Man kann vor allem den Kindern helfen, die optisch lernen.
Man macht das Lernen zeit- und ortsunabhängig.
Durch die Vernetzung rationalisiert und koordiniert man die moderne Bildung.
Man schafft für alle die gleichen Startchancen.
Man schafft Zugang zu allen wichtigen Wissenschaftsbereichen.
Viele Jugendliche verlernen den Umgang mit Altersgenossen.

Welchen Einfluss haben Computer auf das Leben von Jugendlichen?

Junge Leute werden ... .
Der Schulunterricht / Das Lernen / Die Freizeit wird ... .
Die Kommunikation / Der Umgang mit Altersgenossen / Die Fähigkeit Kontakte zu knüpfen wird ... .
Durch Computereinsatz werden die Jungen von heute (nicht) ... .
Das Schulprogramm / Die Hausaufgaben/Referate wird/werden ... .

In welchem Umfang ist der Computereinsatz für Kinder und Jugendliche förderlich? Notieren Sie in Gruppen Schwerpunkte und verfassen Sie einen Empfehlungsbrief an das Kultusministerium / an die Eltern.
Lesen Sie die Briefe im Plenum vor und beantworten Sie Fragen.

Natur und Umwelt werden durch Massentourismus zerstört.

Tourismus zerstört Natur

In den letzten Jahren überschwemmen riesige Besucherströme die schönsten Plätze auf unserer Erde. Die Folge: Die ehemals sauberen Strände werden verschmutzt. Statt schmalen Wanderwegen werden breite Autostraßen gebaut. Die Natur wird langsam kaputt gemacht.

Bilden Sie Sätze aus den Zeitungsüberschriften. Verwenden Sie das Passiv (Präsens).

Natur und Umwelt durch Massentourismus zerstört

Die schönsten Landschaften mit Straßen und Flugplätzen zugepflastert

Den Touristen zuliebe Küsten mit Hotels zugebaut

Luftverschmutzung zur Hälfte durch den Urlaubsverkehr verursacht

Die ursprünglichen Lebensräume von vielen Tieren zerstört

Die Zerstörung von Pflanzen und das Waldsterben durch gigantische Touristenströme verursacht

Wasser und Energie vergeudet

Der Flugverkehr für Urlaubszwecke verdoppelt

Das Klima durch den erhöhten Flugverkehr belastet

Immer neue Pisten für den Wintersport freigegeben

Die Lawinen- und Erdrutschgefahr durch Bodenerosion erhöht

Trinkwasserreserven durch Verschmutzung von Flüssen und Seen gefährdet

Welche Umweltprobleme, verursacht durch Massentourismus, sind Ihnen noch bekannt? Notieren und vergleichen Sie.

... wird/werden zerstört/gefällt/verseucht/verschmutzt/vergiftet.
... wird/werden erhöht/verdoppelt/ausgeweitet.
... wird/werden gefährdet/bedroht.
... wird/werden durch ... verursacht/herbeigeführt.

Schreiben Sie in Gruppen einen Appell an die Internationale Umweltschutzkommission. Nehmen Sie in dem Brief Stellung zum Problem „Umweltzerstörung durch Massentourismus". Machen Sie Vorschläge zu alternativen Tourismusformen und präsentieren Sie die Briefe im Plenum.

Gewalt im Fernsehen

Kinder und Jugendliche werden durch die Gewalt im Fernsehen verwirrt, ihre Psyche wird zerstört.

Das Fernsehen zeigt Tote und Verletzte nicht nur in Krimis, sondern auch in den Nachrichten. Nicht alle Erwachsenen kommen damit klar. Kinder haben damit große Probleme.

Formulieren Sie die Sätze wie im Beispiel. Verwenden Sie das Passiv.

Gewalt im Fernsehen verwirrt Kinder und Jugendliche, zerstört ihre Psyche.
Im Fernsehen zeigt man zu oft Bilder von Toten, Verletzten, Wunden und Blut.
Szenen mit realer Gewalt provozieren bei jungen Zuschauern heftige Emotionen.
Besonders „blutige“ Szenen lösen Angst aus.
Einige Bilder bezeichnen Kinder selbst als ekelhaft.
Viele Szenen schätzen Jugendliche als bedrohlich ein.
Krimis und Horrorfilme sehen manche junge Zuschauer mit einer gewissen Angst-Lust und Spannung.
Oft bestimmt das Elternhaus den Umgang mit Fernsehinformationen.
Das Fernsehen zeigt die Welt oft als Sensation und Spektakel.
Das Fernsehen schafft ein verzerrtes Bild der Wirklichkeit.
Die grausame Wirklichkeit im Fernsehen schreckt Kinder und Jugendliche ab.

Wie schätzen Sie das moderne Fernsehen ein? Gibt es zu viel Gewalt im Fernsehen? Wie werden Kinder und Jugendliche vom Fernsehen beeinflusst?

Im Fernsehen wird/werden sehr oft / selten ... gezeigt.
Wenn im Fernsehen Gewaltszenen gezeigt werden, dann ... .
Da die Welt oft als Sensation und Spektakel dargestellt wird, ...
Oft werden ... zu Sendezeiten gezeigt, wenn Kinder noch vor dem Bildschirm sitzen.

Welche Verpflichtungen hat das Fernsehen gegenüber Kindern und Jugendlichen? Entwerfen Sie in Gruppen Empfehlungen für die Programmgestaltung von Fernsehsendern und diskutieren Sie im Plenum.

Es ist leider notwendig, dass Versuchstiere vor allem in der Pharmaforschung eingesetzt werden.
Es ist unmoralisch, dass vorhandene Medikamente an Tieren getestet werden.

Tierversuche

Wie stehen Sie zu Tierversuchen? Sind Tierversuche unbedingt notwendig? Oder sind sie unmoralisch und ist in diesem Punkt ein Umdenken dringend nötig?

Äußern Sie Ihre Meinung und bilden Sie Sätze wie im Beispiel.

- Versuchstiere vor allem in der Pharmaforschung einsetzen
- vorhandene Medikamente an Tieren testen
- durch Tierversuche neue Medikamente entwickeln
- neue Stoffe an verschiedenen Tieren erproben
- Infektionskrankheiten durch Tierversuche bekämpfen
- neue Operationsmethoden erproben
- wissenschaftliche Untersuchungen durchführen
- nach tierversuchsfreien Methoden suchen

Notieren Sie Argumente für und gegen Tierversuche.

Einerseits werden durch Tierversuche ..., aber andererseits werden dadurch ... gefangen/getötet/gequält/... .
Tierversuche sind notwendig, denn auf diese Weise werden ... .
Ich finde Tierversuche unmoralisch, weil dadurch ... werden.
Heutzutage werden an Tieren ... getestet/erprobt/durchgeführt/... .

Sie sind Gastgeber einer Talkshow zum Thema: „Tierversuche: pro und contra"
Wen würden Sie als Gastgeber zu Ihrer Talkshow einladen? Einigen Sie sich in Gruppen auf drei bis vier Personen. Welche Fragen und Probleme möchten Sie mit Ihren Gästen besprechen?
Notieren Sie Stichpunkte und inszenieren Sie die Talkshows im Plenum.

Umweltschutz

Der Müll soll getrennt werden.

In vielen Städten gibt es Beratungsstellen zum Thema Umweltschutz. Was kann man im Alltag tun, um die Umwelt zu schützen?

Bilden Sie Sätze im Passiv.

Den Müll soll man trennen.
Man soll das Licht ausschalten, wenn man für längere Zeit das Zimmer verlässt.
Zum Mundausspülen soll man beim Zähneputzen einen Becher nehmen.
Picknick darf man nur an speziell markierten Orten machen.
Nach dem Picknick darf man keine Abfälle zurücklassen.
Man soll möglichst keine Pelzmäntel tragen.
Pflanzen darf man im Wald nicht pflücken.
Man darf keine Baumzweige abbrechen.
Wasser und Energie soll man sparen.
Man soll Getränke nicht in Dosen, sondern nur in Mehrwegflaschen kaufen.
Man soll Umwelthefte und recyceltes Papier benutzen.
Zum Einkaufen soll man Stofftaschen nehmen, keine Plastiktüten.
Man soll weniger Auto fahren.
Man kann das Haus mit Sonnen- oder Windenergie beheizen.
Nachbarn und Familienmitglieder soll man aufklären.
Und man soll den Jüngeren ein gutes Beispiel geben.

Was soll unbedingt gemacht werden, weil es lebenswichtig ist? Was muss nicht unbedingt gemacht werden, weil es kaum realistisch oder überflüssig ist?

... soll(en) unbedingt / auf jeden Fall ... werden. Das finde ich lebenswichtig / absolut notwendig.
... muss/müssen nicht unbedingt ... werden. Das ist völlig unrealistisch/überflüssig/übertrieben.

Wie verhalten sich die Menschen in Ihrem Land in Bezug auf Umweltprobleme? Werden die Probleme wahrgenommen oder eher verdrängt? Was wird getan, um die Probleme zu lösen? Sammeln Sie in Gruppen Informationen und präsentieren Sie sie im Plenum auf einem Plakat.

Die Genforschung führt dazu, dass das Leben verlängert werden kann. Sie trägt auch dazu bei, dass Krankheiten geheilt werden können.

Genforschung und Gentechnik

Dürfen Wissenschaftler alles? Geraten ethische Grundwerte durch die moderne Biologie ins Rutschen? Oder ist mit Genetik und Gentechnik eine neue Qualität in die Welt gekommen? Es gibt euphorische und kritische Stimmen zu den jüngsten Entwicklungen in Genforschung und Gentechnik.

Wozu führt die Genforschung? Wozu trägt sie bei? Antworten Sie wie im Beispiel und bilden Sie Nebensätze im Passiv mit „können".

Pro

das Leben verlängern
Krankheiten frühzeitig erkennen
viele Krankheiten, wie Krebs, bekämpfen, heilen
Erbkrankheiten ausrotten
„Ersatzteile" für den menschlichen Körper aus dem eigenen Gewebe produzieren
Medikamente zielgerichteter einsetzen und abstimmen
neue Präparate schaffen
neue Therapieformen entwickeln

Contra

das Gleichgewicht in der Natur zerstören
neue Tiere und Pflanzen mit unbekannten Eigenschaften züchten und die Kontrolle über sie verlieren
den menschlichen Körper manipulieren
den Menschen „verbessern"
genetisch benachteiligte Menschen diskriminieren
„Wunschkinder" nach Geschlecht, Größe, Haar- und Augenfarbe „selbst kreieren"
Intelligenz, Musikalität, mathematische Begabung verändern
behinderte Kinder abtreiben
Monstertiere und künstliche Menschen schaffen

Wie kann unser Leben durch Gentechnik verändert werden?

Durch die Gentechnik kann/können ... werden.
Die Entwicklung der Genforschung führt dazu, dass ... werden kann/können.
Aus diesem Grund darf ... (nicht) ... werden.
Dadurch, dass ... werden kann/können, ...
... darf/dürfen von den Wissenschaftlern (nicht) ... werden.

An einer Podiumsdiskussion zum Thema „Genforschung" nimmt ein renommierter Wissenschaftler teil. Was möchten Sie über die Perspektiven und Risiken von Genforschung erfahren? Schreiben Sie in Gruppen eine Liste mit Fragen bzw. Problemen für die Diskussion und diskutieren Sie im Plenum.

Hooligans – Fans oder Schläger?

Von den Fanclubs können Treffen organisiert werden.
Die Tribünen im Stadion sollen mit Videokameras überwacht werden.

Hooligans stiften Unruhe auf den Straßen und im Stadion. Meistens sind es junge Leute. Nach dem Spiel suchen sie die gewalttätige Konfrontation mit den Fans der gegnerischen Mannschaft. Manchmal haben sie auch Waffen dabei.

Bilden Sie Sätze wie im Beispiel.

Die Fanclubs	Treffen organisieren Zeitschriften herausgeben die Fans gegen Rassismus und Gewalt in den Stadien aufrufen die Aggressivität unter jungen Fans abbauen die Fans sozialpädagogisch betreuen
Die Vereine	gemeinsames Training mit den Fans organisieren engere Zusammenarbeit zwischen den Fußballvereinen und den Fans fördern
Die Stadienverwaltung	Alkohol im Stadion streng verbieten die Tribünen mit Gittern vom Spielfeld abgrenzen die Tribünen mit Videokameras überwachen
Die Polizei	die Fans vom Bahnhof bis ins Stadion begleiten gewalttätige Fans festnehmen
Die Fans	die Stadionregeln beachten Mützen und Schals in den Vereinsfarben tragen die Spieler beim Spiel unterstützen und anfeuern

Was sollte man bei großen Sport- und Kulturveranstaltungen beachten? Welche Maßnahmen fänden Sie berechtigt?

Von den Fans / Von den Zuschauern soll/sollen darf/dürfen kann/können ... werden.
... von der Polizei / von den Veranstaltern / von der Stadionverwaltung muss/müssen soll/sollen darf//dürfen ... werden.
Es muss/kann/soll/darf ... werden.
Auch ... sollen/können/müssen ... werden.

Sie organisieren in einem neuen Stadtbezirk ein Jugendzentrum und müssen auch schwierige und zum Teil gewalttätige Jugendliche betreuen. Wer soll welche Aufgabe übernehmen? Sammeln Sie in Gruppen Vorschläge.
Präsentieren Sie Ihre Ergebnisse im Plenum und diskutieren Sie.

Zwei Kinder sind durch Kampfhunde schwer verletzt worden.

Kampfhunde

Die Debatte um die Kampfhunde ist in vollem Gange. Die Zeitungen bringen regelmäßig Meldungen über neue Vorfälle. Hier sind einige Schlagzeilen.

Schreiben Sie die Schlagzeilen wie im Beispiel um und verwenden Sie das Passiv Perfekt.

Kampfhunde haben zwei Kinder schwer verletzt

Staffordshire-Mischling hat einem einjährigen Jungen mehrfach ins Gesicht gebissen

Angeleinter Kampfhund hat einen fünfjährigen Jungen mit mehreren Bissen schwer verletzt

Pitbull-Mischling hat spielende Kinder angegriffen

200 Bürger haben eine Unterschriftenliste unterzeichnet

Besorgte Bürger haben mehrere Verstöße gegen die Maulkorb- und Leinenpflicht gemeldet

Hunde haben zwei Polizisten bedroht

In der letzten Zeit haben viele Hundebesitzer ihre Kampfhunde abgegeben

Staat hat Tierheime und Tierschutzvereine mit diesem Problem allein gelassen

Kommunen haben keine zusätzlichen Mittel für die Finanzierung bereitgestellt

Was wissen Sie über das Problem?

In der Presse ist über ... oft berichtet worden.
Auch übers Fernsehen sind Menschen über ... informiert worden.
Die Zahlen zeigen, dass ... verletzt/gebissen/angegriffen worden ist/sind.
Dabei sind/ist ... (noch) nicht berücksichtigt worden.
Einige/Viele Tiere sind von ihren Besitzern ... worden. Das hat ... zur Folge.
Aus diesem Grund ist/sind ... worden.

Gibt es dieses Problem in Ihrem Land auch? Was kann man unternehmen? Schreiben Sie in Partner- oder Gruppenarbeit einen Leserbrief.
Lesen Sie im Plenum Ihre Briefe vor und beantworten Sie Fragen.

Technik und Ethik

> Durch die moderne Technik wurde ein Teil der Menschen von Hungersnöten und Epidemien verschont.

Der technische Fortschritt steht oft in krassem Gegensatz zu ethischen und ökologischen Normen. Durch die moderne Technik wurde unser Leben leichter gemacht, aber auf der anderen Seite wurden die Menschen mit vielen ethischen und ökologischen Problemen konfrontiert.

Was bewirkte moderne Technik? Bilden Sie Sätze wie im Beispiel und verwenden Sie das Passiv Präteritum.

Pro

einen Teil der Menschen von Hungersnöten und Epidemien verschonen
viele Menschen von schwerer körperlicher Arbeit befreien
den Lebensstandard der Menschen erhöhen
neue Reise- und Bildungsmöglichkeiten schaffen

Contra

viele Arbeitsplätze wegrationalisieren
in manchen Gebieten radioaktive Verseuchung verursachen
die Menschheit mit vielen ethischen Problemen konfrontieren
viele Menschen töten
die Menschen durch den technischen Fortschritt stärker unter Druck setzen

Welche Rolle spielte die Technik in Ihrem Leben? Notieren und vergleichen Sie.

> In der letzten Zeit / In den letzten Jahren wurde/wurden ... erfunden/entwickelt/geschaffen.
> Durch die moderne Technik wurde/wurden unser Leben / unser Alltag / die Menschheit / die Menschen / die Umwelt ... entlastet/belastet/verschmutzt/verseucht/erleichtert/... .
> Durch den technischen Einsatz wurde/wurden ... abgebaut / reduziert / kaputt gemacht / zerstört ... .

Einigen Sie sich in Gruppen auf fünf bis sechs technische Erfindungen. Wie wurde unser Leben durch diese Erfindungen beeinflusst bzw. verändert? Präsentieren Sie die Ergebnisse im Plenum.

Durch Graffiti werden unsere Städte bunter und freundlicher gemacht. Im vorigen Jahr wurden für die Reinigung der Hauswände Millionen Euro bezahlt.

Graffiti: Kunst oder Sachbeschädigung?

Für die einen ist es künstlerische Freiheit, für die anderen sind es Farbschmierereien oder auch Sachbeschädigung.

Formen Sie die Sätze wie im Beispiel um.

Graffiti machen unsere Städte bunter und freundlicher.
Im vorigen Jahr bezahlte man für die Reinigung der Hauswände Millionen Euro.
Die Reinigung von Hauswänden und Zügen bezahlen meistens die Gemeinden.
Mit dieser „Kunst" richtet man jährlich einen Millionenschaden an.
88 Euro zahlt man für fünf Liter „Graffiti-Killer".
Oft trägt man den „Killer" mehrmals auf.
Die Polizei erwischt nur wenige Sprayer.
Man hat bisher nur einzelne Sprayer auf frischer Tat ertappt.
Allein in diesem Jahr führte die Bahnpolizei mehrere Einsätze durch.
In manchen Bundesländern setzte die Polizei ein Kopfgeld auf Sprayer aus.
Auf diese Weise haben die Behörden die Täter festgestellt.
Doch durch das Kopfgeld erhöhte man den Nervenkitzel für die Jugendlichen nur noch.
Deshalb setzt die Polizei eher auf Verständigung mit Sprayern.
Auch Schule und Eltern appellieren an Vernunft und Gewissen der Jugendlichen.

Ist diese „Kunst" auch bei Ihnen verbreitet?

Durch Graffiti werden/wurden Städte/Häuser/Brücken/Züge ... bunter/freundlicher gemacht/zerstört/beschädigt.
... Euro/... werden jährlich für/von ... bezahlt.
Von der Polizei werden ... erwischt / festgestellt / auf frischer Tat ertappt.
In der letzten Zeit ist/sind ... worden.
Bei uns wurde/wurden bis jetzt ... .

Inszenieren Sie eine Talkshow zum Thema: „Graffiti: pro und contra"
Entscheiden Sie sich in Gruppen für eine Rolle (z.B.: Sprayer/in, wohlwollender Beobachter, Polizist/in, Hausbesitzer/in usw.).
Sammeln Sie Ideen, Fakten und Argumente zu Ihrer Rolle und inszenieren Sie die Talkshows im Plenum.

Leben ohne Auto

Ohne Auto müsste Silvia ihren Job aufgeben und sie hätte nicht so viel Freiheit.

Autos verschmutzen die Umwelt. Das weiß inzwischen jeder. Aber nicht jeder wäre bereit, auf sein Auto zu verzichten. Vier Personen erzählen, wie ihre Zukunft ohne Auto aussehen würde.

Bilden Sie Sätze wie im Beispiel.

Silvia, 40: muss ihren Job aufgeben
hat nicht so viel Freiheit
kann ihre Tochter nicht vom Kindergarten abholen
die individuelle Mobilität ist eingeschränkt

Oliver, 33: die Beziehung geht in die Brüche (die Freundin lebt in einer anderen Stadt)
kann im Urlaub nicht mehr mit dem Auto reisen
muss öfter mit dem Flugzeug fliegen, das ist auch nicht gut für die Umwelt
ist in vielen Situationen auf andere Leute angewiesen (Umzug, größere Einkäufe usw.)
verliert seine Unabhängigkeit und Souveränität

Peter, 37: kann viel Geld sparen
geht oft zu Fuß
fährt oft Rad
hat keine Parkprobleme
ist fitter, gesünder

Natalie, 25: bewegt sich mehr
trifft viele neue Leute
trägt zum Umweltschutz bei

Wie würde Ihr Leben ohne Auto aussehen?

Ein Leben ohne Auto wäre ... .
Ich würde/könnte dann (nicht) / müsste dann oft/immer ... .
Ohne Auto wüsste ich gar nicht, wie/was/wo ... .
Wenn ich kein Auto hätte, ... (endlich) ... .
Ich könnte mir mein Leben ohne Auto ganz gut/gar nicht vorstellen, denn ... .
Es gäbe mehr/weniger ..., wenn es keine Autos gäbe.

Stellen Sie sich vor: Für das Jahr 2050 plant die Regierung den vollständigen Verzicht auf das Auto im privaten Besitz. Die Menschen steigen auf die öffentlichen Verkehrsmittel um. Wie würde das unser Leben ändern? Stellen Sie in Gruppen dieses moderne Leben und seine Vor- und Nachteile auf einem Plakat dar und präsentieren Sie die Ergebnisse im Plenum.

Wenn ich Politiker wäre,
würde ich mich für den Frieden
in der Welt einsetzen.

Wenn ich Politiker wäre ...

Ergänzen Sie „würde“, „wäre“, „müsste“, „könnte“ und „sollte“.

Konrad, 38: Wenn ich Politiker wäre, __________ ich mich für den Frieden in der Welt einsetzen. Als Politiker __________ man menschlicher sein. Ich __________ mich mit allen Konfliktparteien an einen Tisch setzen. Dann __________ ich mit ihnen diskutieren und versuchen, eine für alle akzeptable Lösung zu finden.

Ruth, 24: Ich __________ versuchen, für mehr Toleranz zu sorgen. Es __________ kein Mensch wegen seiner Hautfarbe verurteilt werden. Zwar __________ es eine gewisse Ordnung geben, aber ein größeres Maß an Freizügigkeit __________ mir wichtig.

Ira, 27: Ich __________ dafür sorgen, dass die Menschen offener miteinander leben. Es __________ mehr Gleichheit geben. Die Umweltschutzgesetze __________ ich verschärfen. Auf jeden Fall __________ ich gegen Atomenergie.

Oliver, 24: In Schulen und Universitäten __________ man vielleicht jüngere Lehrer einsetzen. Es __________ wichtig, mehr über die heutige Zeit und die aktuellen Probleme zu diskutieren. Und die Anzahl der Wahlfächer __________ erhöht werden, damit man im Berufsleben bessere Chancen hat.

Marco, 21: Ich __________ mehr Gebäude bauen lassen, wo Jugendliche sich nachmittags aufhalten können. Man __________ Jugendliche besser betreuen. Es __________ auch gut, wenn man sie stärker in das Leben einbeziehen __________ . Dann __________ die Kriminalität mit Sicherheit nicht so hoch.

Wären Sie gern Politiker/Politikerin? Was würden Sie in Ihrem Land ändern?

Ich wäre (nicht) gern Politiker(in), weil ich dann ... (nicht) hätte/würde/könnte/müsste.
Wenn ich Politiker(in) wäre, würde/könnte ich ... .
Vielleicht sollte ich auch ... .
Als Politiker(in) würde ich versuchen, ... zu ... .
Ich würde dafür sorgen, dass ... .

Einigen Sie sich in Gruppen auf einen Bereich in der Gesellschaft, der dringend verbessert werden müsste, und sammeln Sie Ideen: Was würden Sie in diesem Bereich anders machen? Schreiben Sie Ihr „Wahlprogramm“.
Präsentieren Sie die Programme im Plenum und entscheiden Sie sich für das menschenfreundlichste Programm.

Arbeitslosigkeit – was tun?

Der Staat sollte die Arbeitslosigkeit nicht finanzieren.

Es wird immer Menschen geben, die keine Arbeit haben, weil sie keine Berufsausbildung haben oder ihren Job aus irgendeinem Grund verloren haben. In vielen Ländern wird darüber diskutiert, wie man die Situation verbessern könnte.

Ergänzen Sie den Konjunktiv II.

Ralf, 56: Der Staat ______________ (sollen) die Arbeitslosigkeit nicht finanzieren. Wenn Arbeitslose kein Arbeitslosengeld ______________ (bekommen), ______________ (liegen) ihnen sicher mehr daran, einen Job zu finden. Man ______________ (können) natürlich allen Arbeitslosen ein „Grundgehalt" bezahlen. Dafür ______________ (müssen) sie dann 20 Stunden pro Woche in öffentlichen Einrichtungen arbeiten, zum Beispiel in Altersheimen oder bei der Straßenreinigung.

Birgit, 34: In unserer Firma machen alle Mitarbeiter Überstunden. Das sind Hunderte von Überstunden pro Jahr. Stattdessen ______________ (sollen) man die Arbeitszeit verkürzen und die Überstunden reduzieren. Ich ______________ (gehen) gerne schon um 14 nach Hause, weil ich dann mehr Zeit für meine Familie ______________ (haben). Natürlich ______________ (bekommen) ich dann weniger Geld, aber dann ______________ (finden) alle einen Job.

Agnes, 44: Ich habe vor drei Monaten meinen Job als Sekretärin verloren. Als ich noch gearbeitet habe, habe ich mir manchmal vorgestellt, wie mein Leben ______________ (aussehen), wenn ich nicht so lange im Büro ______________ (bleiben) und mich nicht jeden Tag zur Arbeit schleppen ______________ (müssen). Es ______________ (sein) so schön, dachte ich. Jetzt ______________ (sein) ich froh, wenn ich wieder arbeiten ______________ (dürfen).

Was würden Sie tun, wenn Sie keinen Job hätten? Was würden Sie einem Arbeitslosen raten? Was sollte Ihrer Meinung nach der Staat tun?

Wenn ich arbeitslos wäre, würde/könnte/müsste ich … .
Wenn ich keinen Job hätte, … .
Wenn ich in so eine Situation geriete, hätte/wäre/würde ich … .
Einem Arbeitslosen würde ich raten, … zu … .
Die Arbeitslosen sollten … .
Der Staat sollte … .

Wie ist die Situation auf dem Arbeitsmarkt in Ihren Ländern? Wie hoch sind die Arbeitslosenraten? Welche Wirtschaftsbereiche sind besonders betroffen?
Was sollte der Staat bzw. das Arbeitsministerium Ihres Landes tun, damit sich die Lage auf dem Arbeitsmarkt entspannt? Machen Sie Notizen und berichten Sie im Plenum.

Wenn Lars drei Wünsche frei hätte, ginge er nicht mehr zur Arbeit. Er zöge nach Australien. Und er würde dort als Farmer leben.

Drei Wünsche

Bilden Sie Sätze wie im Beispiel.

Lars, 26: nicht mehr zur Arbeit gehen
nach Australien ziehen
als Farmer leben

Martina, 50: Schriftstellerin sein und Bestseller schreiben
Ruhm und Anerkennung bekommen
Partys geben, prominente Gäste einladen

Andrea, 33: einen neuen Job finden
mit ihrem Freund für immer zusammen bleiben
für ein Jahr auf Weltreise gehen, interessante Leute treffen

Bernd, 49: morgens nie mehr früh aufstehen
das Frühstück ans Bett bekommen
sich von seiner Frau verwöhnen lassen

Anna, 36: in Südfrankreich ein Haus nach eigenen Plänen bauen
eine schöne Aussicht haben, nur Wiesen und Berge um sich herum sehen
ein Kind bekommen und genügend Zeit für Familie und Hobbys haben

Petra, 19: sich immer gut mit ihren Eltern verstehen, keinen Streit mehr haben
immer gesund sein
ein einfaches und ruhiges Leben führen

Was würden Sie tun, wenn Sie drei Wünsche frei hätten?

Wenn ich drei Wünsche frei hätte, (dann) ginge/schriebe/bliebe/ließe ich ... .
Ich fände/hätte/wäre ... .
Es wäre nicht schlecht, wenn ich ... .
Wichtig wäre mir auch, dass ich / mein Freund / meine Freundin / mein Leben ... .
Ich würde/möchte/wünschte mir ... .

Sammeln Sie in Gruppen Ihre Wünsche und überlegen Sie, welche man gemeinsam realisieren könnte. Machen Sie Notizen und präsentieren Sie Ihre Ideen im Plenum.

Wenn der Fernseher kaputt wäre ...

Ich würde meinen Freund anrufen.

Ein Fernsehmagazin hat eine Umfrage durchgeführt. Die Frage lautete: Wie würde sich Ihr Leben verändern, wenn Ihr Fernseher plötzlich kaputt wäre? Hier sind ein paar Antworten.

Welche Textteile passen zusammen? Ergänzen Sie den Konjunktiv II.

Patrick, 34: In meinem Leben würde sich kaum etwas verändern. Ich habe nämlich keinen Fernseher. Ich bin ein Musikfan. Auf meine Stereoanlage könnte ich allerdings nicht verzichten. Wenn sie kaputt wäre, ...

Claudia, 68: Ohne Fernseher könnte ich mir mein Leben nicht mehr vorstellen. Ohne Fernsehen wüsste ich nicht, was in der Welt passiert. Und ich könnte meine Lieblingsserien nicht sehen. Ich ginge vielleicht zu meiner Nachbarin,

Birgit, 32: Das wäre eine tolle Sache. Wenn mein Fernseher kaputt wäre, hätte ich mit Sicherheit mehr Zeit. Ich säße nicht zu Hause, ich ginge öfter aus. Ich träfe mich mit meinen Freunden, triebe vielleicht mehr Sport oder liefe abends ein paar Runden im Park.

__________ das für mich eine Katastrophe __________ (bedeuten). Ich __________ meinen Freund __________ (anrufen). Der versteht etwas davon. Wenn es aber nicht anders __________ (gehen), würde ich mir noch am selben Tag eine neue Stereoanlage kaufen.

Vielleicht __________ (sein) ich nicht mehr solo. Ich __________ längst einen netten Freund __________ (finden). Und meine Doktorarbeit __________ ich schon vor Monaten fertig __________ (schreiben). Aber wer weiß, vielleicht __________ (gefallen) mir das Leben ohne Fernseher doch nicht so gut!

... wenn mein Fernseher kaputt __________ (sein). Oder ich __________ (lassen) mir am Telefon alles erzählen. Früher __________ der kaputte Fernseher kein Problem für mich __________ (sein). Ich __________ Freunde __________ (einladen) oder ich __________ ins Theater __________ (gehen).

Was wäre, wenn Ihr Fernseher kaputt wäre?

Wenn mein Fernseher kaputt wäre, würde/könnte/müsste ich (nicht) ... .
Ohne Fernseher wäre mein Leben ganz anders, weil ich dann ... wäre/hätte/würde/könnte ... .
Wenn der Fernseher kaputt wäre, ginge/träfe/liefe/schliefe/führe/... ich ... .
Ich könnte mir mein Leben ohne Fernseher gar nicht / sehr gut vorstellen, denn ... .

Sie möchten einen Verein gründen. Der Verein trägt den Namen „Fernseherfeinde". Sie wollen neue Mitglieder werben und sie von Ihrer Idee überzeugen. Schreiben Sie in Partner- bzw. Gruppenarbeit einen Text für eine Internetseite und stellen Sie Ihren Verein vor. Präsentieren Sie Ihre Texte im Plenum.

Wenn ich die Wahrheit gesagt hätte, hätte er sich furchtbar aufgeregt.

Eine Welt ohne Lügen

Ergänzen Sie den Konjunktiv II.

Christiane, 27: Neulich bin ich erst gegen Mitternacht nach Hause gekommen. Wir wohnen ziemlich weit außerhalb der Stadt und mein Freund macht sich Sorgen, wenn ich nachts mit der S-Bahn fahre. Also habe ich gesagt, dass mich ein Arbeitskollege nach Hause gefahren hat. Wenn ich meinem Freund die Wahrheit _____________ _____________ (sagen), _____________ er sich furchtbar _____________ (aufregen). Dann _____________ wir uns bestimmt _____________ (streiten). Was _____________ das _____________ (bringen)? Ich glaube, ohne Lügen _____________ (sein) unser Leben vielleicht einfacher, aber es _____________ (geben) bestimmt mehr Schmerz und Enttäuschung.

Brigitte, 41: Ich arbeite als Verkäuferin in einer Boutique. Zu uns kommen viele Kundinnen, die nicht gerade eine Claudia-Schiffer-Figur haben. Wenn ich einer Kundin _____________ _____________ (sagen), wie schlecht sie aussieht, dann _____________ (lassen) sie sich bei uns nicht mehr blicken. Sie _____________ (sein) sicher beleidigt und auch ich _____________ mich mies _____________ (fühlen). Also _____________ (können) ich in solcher Situation nur _____________ (versuchen), etwas anderes zu empfehlen. Aber auf keinen Fall _____________ ich _____________ (sagen): Das steht Ihnen nicht.

Erika, 44: Die Wahrheit gesagt zu bekommen und selbst die Wahrheit zu sagen, _____________ (sein) doch viel besser als zu lügen. Eine Lüge _____________ (können) vielleicht die Situation kurz _____________ (entspannen), aber man _____________ (müssen) beim nächsten Mal noch mehr _____________ (lügen). Ich _____________ (wissen) dann nicht mehr, wem ich was vorgelogen habe.

Wie wäre unser Leben, wenn niemand lügen müsste, wenn alle die Wahrheit sagen würden?

Ein Leben ohne Lügen wäre ... . Mein Leben hätte ohne Lügen mehr/weniger ... .
Die Menschen würden/könnten dann ... . Sie müssten nicht ... .
Wenn die Menschen nie gelogen hätten, ...
Wenn die Menschen / die Politiker / die Wissenschaftler immer die Wahrheit gesagt hätten, ...

Sammeln Sie in Gruppen Situationen, in denen jemand gelogen hat. Spekulieren Sie darüber, was anders gelaufen wäre, wenn die Person nicht gelogen hätte, und wie das Leben dieser Person jetzt aussehen würde.
Schreiben Sie kurze Geschichten und präsentieren Sie die Geschichten im Plenum.

Lösungsvorschläge zum 1. Aufgabenschritt der Arbeitsblätter

1 **Artikel-Wörter und Substantiv**

Sie haben einen Wunsch frei!

Werner, 23: eine Reise.
Ralf, 28: ein Ticket.
Petra, 41: ein Haus, ein Auto, eine glückliche Familie, ein Leben.
Christian, 51: einen Job.
Veronika, 21: eine Karriere als __ Fotomodell.
Andrea, 45: __ Liebe, __ Frieden und __ Geborgenheit, eine Waschmaschine.
Erika, 51 und Arno, 54: einen Wohnwagen.
Matthias, 17: ein Mountainbike, ein Mountainbike bedeutet __ Freiheit und __ Mobilität.

2 **Artikel-Wörter und Substantiv**

Die einsame Insel

Arthur, 22: die Biographie über Federico Fellini, eine CD, ...
Simon, 19: einen Briefkasten, einen Computer, ...
Philipp, 37: eine Mikrowelle, ein Surfbrett, ...
Dennis, 29: einen Fernseher, einen Videorecorder, ...

3 **Artikel-Wörter und Substantiv**

Was braucht der Mensch?

Der Mensch braucht einen Berufsabschluss, eine Familie, ein Kind, einen Freund, eine eigene Wohnung, einen Führerschein, einen Doktortitel, einen Porsche, einen Pilotenschein, einen Job, eine komfortable Einbauküche, ein Sommerhaus.

4 **Artikel-Wörter und Substantiv**

Schenken

Sabine, 41: einen Blumenstrauß, __ Chrysanthemen und __ Nelken, __ Geschenke, ein Computerspiel oder eine CD.
Herbert, 53: einen Ring oder eine Kette, __ Parfum, eine Krawatte, ein Hemd oder einen Pullover, __ Geschenke.
Irene, 33: ein Bild, ein Blumengesteck oder einen Trockenstrauß, eine Überraschung.

5 **Artikel-Wörter und Substantiv**

Talismane, Amulette, Fetische

Ulrike, 15: das Schwein, ein Zaubermittel.
Christian, 31: ein Halstuch, eine Hasenpfote, __ Glück, __ Erfolg, eine Glasmuschel, __ böse Geister, __ Amulette, __ Zähne, __ Rattenköpfe.
Veronika, 34: __ Musiker, __ Gitarre, eine kleine Figur, ein Gott, die Figur, die Figur.
Anna, 26: eine Kette, (die) Abiturprüfung, das Kettchen, die Kette, __ Lust, die Kette.

6 **Artikel-Wörter und Substantiv**

Klassik – ein alter Hut?

Julia, 21: einen Lieblingskomponisten, die Musik, eine besondere Atmosphäre, die Brandenburgischen Konzerte, __ Musik.
Manuel, 29: __ Klassik, __ Alte-Leute-Musik, __ Wunderkinder, __ Klassik, __ Rock, __ Pop, __ Techno, __ Gefühlen, den zweiten Satz, der zweiten Symphonie, __ Brahms, die neunte Symphonie, __ Beethoven, ein Song, __ Madonna.
Sonja, 24: __ Popmusik, ein klassisches Stück, bei dem / beim zehnten Hören, ein neues Detail, der Popmusik, __ Texte, __ Rhythmus, die Strophen, der Refrain, der Aufbau.

7 **Artikel-Wörter und Substantiv**

Vertrauenspersonen

... haben Respekt vor den Eltern, vor dem Bundeskanzler, vor (den) Greenpeace-Aktivisten, vor (den) Polizisten, vor der Kirche.
... haben Vertrauen zu den Eltern, zu dem Freund / der Freundin, zu (den) Geschwistern, zu (den) Politikern.
... besprechen ihre Probleme mit der Mutter, mit (den) Geschwistern, mit dem Freund / der Freundin, mit einem Psychologen, mit einem Anwalt.
... suchen Trost bei den Eltern, bei dem Partner / der Partnerin, bei (den) Freunden.

8 **Artikel-Wörter und Substantiv**

Umweltprobleme

die Erwärmung der Erde; die Zerstörung der Regenwälder, der Natur, der Landschaften; die Ausdünnung der Ozonschicht; die Verschmutzung der Meere, der Flüsse, der Atmosphäre; die Erosion des Bodens; die Vergiftung der Luft; die Ausrottung der Tier- und Pflanzenwelt.

9 **Imperativ**

Kritik - kein Problem!

Entwerte dich selbst nicht! Lass dich nicht verunsichern! Bleib(e) möglichst distanziert und sachlich! Befrei(e) dich von Aufregung und Ärger! Reagiere auf unfaire Kritik nicht mit der gleichen Waffe! Unternimm etwas und grüble nicht! Unterscheide gute Kritik von unsachlicher Kritik! Hör(e) nur auf aufbauende Tipps! Wehr(e) dich gegen dumme Sprüche! Halt(e) dich selbst mit herabsetzenden Kommentaren zurück! Mach(e) den anderen klar: Du möchtest faire Kritik! Üb(e) auch faire Kritik! Wende die Kritik ins Positive!

10 **Imperativ**

Streitkultur

Achte darauf, welche Situationen zum Streit führen! Bring(e) das Thema ruhig und sachlich auf den Tisch! Nimm eine Auszeit, wenn du wütend bist! Brüll(e) ins Kissen und tritt gegen den Mülleimer, um Dampf abzulassen! Verschieb(e) die Auseinandersetzung auf später! Hört euch genau an, was der Partner sagt! Fragt nach, wie etwas gemeint ist! Gebt dem anderen nicht die Schuld für den Streit! Findet heraus, wo es hakt und warum! Sucht nach einem Kompromiss! Redet ruhig und sachlich miteinander! Verletzt das Selbstwertgefühl des Partners nicht!

11 Imperativ

Keine Zeit?

Hetz(e) nicht von einem Termin zum anderen! Nimm dir mehr Zeit für dich! Besprich Zeitprobleme mit dem Partner! Teil(e) die Zeit realistisch ein! Sag(e) auch mal "nein"!
Verplan(e) das Wochenende nicht! Geh(e) öfter spazieren! Find(e) den eigenen Zeitrhythmus!
Tu ab und zu nichts!

12 Imperativ

Horoskope

Fragen Sie Ihre Familie: Wie geht sie mit dem Problem um? Bitten Sie Ihre Freunde um Hilfe bzw. Unterstützung. Analysieren Sie das Horoskop mit einer Vertrauensperson und sehen Sie die Dinge mehr mit ihren Augen. Stellen Sie keine zu hohen Erwartungen an sich. Kommen Sie Angst und Unsicherheit auf die Spur und schämen Sie sich nicht dafür. Suchen Sie neue Kontakte und Freundschaften. Zeigen Sie den anderen nicht so viele unsichere und schwache Seiten. Bewerten Sie einzelne Schwierigkeiten und Probleme nicht über. Wenden Sie sich an einen Psychotherapeuten.

13 Imperativ

Knapp bei Kasse

Teil(e) dein Geld ein! Gib nicht schon in der ersten Woche alles aus! Mach(e) nicht jeden Modetrend mit! Geh(e) nicht zu Veranstaltungen, wenn das Geld nicht reicht! Kauf(e) weniger Klamotten! Kombinier(e) alte Sachen neu! Iss öfter zu Hause! Verzichte auf das Handy! Telefonier(e) nur von zu Hause! Bitte deine Freunde nicht um Geld! Nimm keinen Kredit auf! Kauf(e) nicht auf Kredit ein! Sieh dich im Notfall nach einem Nebenjob um!

14 Imperativ

Die Seele baumeln lassen

Atmen Sie tief ein, atmen Sie durch die Nase aus, lehnen Sie sich entspannt zurück. Kaufen Sie Pflanzen und stellen Sie sie ins Schlafzimmer. Dekorieren Sie die Wohnung mit bunten Kissen und Bildern. Gehen Sie früh schlafen. Zünden Sie abends Kerzen an und lassen Sie den Tag mit einem Glas Wein ausklingen. Gönnen Sie sich ab und zu leckere Sachen. Gehen Sie öfter spazieren und schwimmen. Nehmen Sie ein warmes Bad. Lassen Sie die Seele baumeln.

15 Tempusformen: Perfekt

Die schönsten Momente im Leben

Michael, 30: Ich habe bei der Renovierung im Nachbarhaus geholfen. Wir haben vier Stunden aufgeräumt, gezimmert, gestrichen. Plötzlich habe ich sie gesehen und ich habe einen Stich im Herz gespürt. Ich habe sie angesehen und habe sofort gewusst, das ist meine Traumfrau. Dieser Moment hat mein ganzes Leben verändert. Ich habe sie angesprochen, wir haben fast eine Stunde geredet und alles um uns herum vergessen. Ein Jahr später haben wir geheiratet.
Stefanie, 33: Nach drei Jahren Arbeit bin ich mit der Doktorarbeit fertig geworden. An dem Tag bin ich in mein Stammlokal gegangen. Ich habe ein großes Fest gefeiert. Ich habe alle Freunde eingeladen. Wir haben getanzt, getrunken, uns amüsiert.
Ruth, 51: Vor zwei Monaten bin ich Oma geworden. Zuerst habe ich einen Schock erlebt: Ich ... und Oma! Ich habe lange über mein Leben nachgedacht und habe mich an den Gedanken gewöhnt. Ich bin zu meiner Tochter gefahren. Ich habe das Kind auf den Arm genommen, ihm vorgesungen. In dem Moment habe ich mich glücklich gefühlt.
Herbert, 67: Ich bin in ein Zeitungsgeschäft gegangen und habe eher aus Spaß einen Lottoschein gekauft. Eine Woche später habe ich die Lottozahlen gehört. Ich habe tatsächlich gewonnen!

16 Tempusformen: Perfekt

Schulerinnerungen

Andreas, 43: Nach der Grundschule hat Andreas ein Gymnasium besucht. Er hat ziemlich strenge Lehrer gehabt. Er hat viele Hausaufgaben gemacht und viel auswendig gelernt. Die Schüler haben fast nie kreativ gearbeitet. Andreas hat Angst vor schlechten Noten gehabt und (hat) oft ein ziemlich schlechtes Zeugnis bekommen. Dann hat er zur Hauptschule gewechselt. Er hat dort weniger Stress gehabt und auch die Noten sind besser geworden.
Karl-Heinz, 36: Er hat eine Realschule besucht und hat keine großen Probleme gehabt. Die meisten Fächer hat er gemocht. Nur mit Deutsch hat Karl-Heinz Schwierigkeiten gehabt. Er hat vor Diktaten und Aufsätzen regelrecht Angst gehabt. Er hat viele Fehler gemacht und hat später sogar den Nachhilfeunterricht besucht.
Nina, 26: Sie hat eine Montessori-Schule besucht. Sie haben das Arbeitstempo selbst bestimmt. Sie haben viel gesungen, gemalt, Theater gespielt.
Andrea hat viel selbstständig gearbeitet und beim Lernen mitentschieden. Die Schüler haben keine Noten bekommen, keinen Druck gehabt.
Lehrer und Schüler sind respektvoll miteinander umgegangen.
Andrea hat in der Schule ihre künstlerischen und handwerklichen Talente entdeckt.

17 Tempusformen: Perfekt

Originelle Geschenke

Bernd, 35: bin geglitten, habe gesehen, hat gefallen, habe mich entschlossen.
Erich, 42: habe bekommen, habe bekommen, habe geschrieben und verarbeitet, bin aufgetreten, habe gesungen.
Manuela, 25: bin geworden, habe bekommen, hat gemacht, hat fotografiert, hat geklebt und geschrieben, habe gelacht.

18 Tempusformen: Perfekt

Man lernt nie aus

Katharina, 68: ist geworden, ist gestorben, hat gearbeitet, hat mitgenommen, bin gegangen, ist gewesen, habe gearbeitet, bin geworden, habe angefangen, ist gegangen.
Manuela, 28: habe kennen gelernt, hat eingeladen, bin Eis gelaufen, habe gesagt, habe angerufen, sind gefahren, hat beigebracht, haben geübt, bin hingefallen, hat geholfen, habe versucht, habe geschafft.

19 Tempusformen: Futur I

Ein Blick in die Zukunft

Ich halte es für möglich, dass viele Teile unseres Planeten radioaktiv verseucht sein werden; dass es nur Solar- und Elektroautos geben wird; dass man Treibstoff für Weltraumschiffe aus Pflanzen herstellen wird; dass die meisten Lebensmittel künstlich hergestellt werden werden; dass es in jeder Wohnung und an jeder Straßenecke Bildtelefone geben wird; dass man alle Einkäufe per Mausklick erledigen wird; dass Kinder nicht zur Schule gehen, sondern zu Hause vor dem Bildschirm lernen werden; dass alle Universitäten der Welt das Studium im World Wide Web anbieten werden; dass überall Roboter putzen, wischen und saugen werden; dass Hotels und Touristenzentren auf anderen Planeten und unter Wasser gebaut werden werden; dass der Mensch seinen Fuß auf den Mars und auf andere Planeten setzen wird; dass man Organe für die Transplantationschirurgie im Labor züchten wird; dass die Wissenschaftler einen Impfstoff gegen Krebs, AIDS und andere Krankheiten finden werden; dass es Ernährungspillen geben wird, die das Essen komplett ersetzen werden; dass die durchschnittliche Lebenserwartung bei 100 Jahren liegen wird; dass Technik und Chemie die Umwelt endgültig zerstören werden; dass die Menschen durch Computer total kontrolliert werden werden; dass es eine sorgenfreie Gesellschaft geben wird, in der alles vorhanden sein wird, was man braucht.

20 Tempusformen: Futur I

Gute Vorsätze

Ich werde im nächsten Jahr nicht so viel Geld für Kleidung und Kosmetik ausgeben, mit einer Diät anfangen und sie nicht wieder abbrechen. Ich werde abnehmen, viel/mehr Sport machen und ins Fitnessstudio gehen. Ich werde die Nachbarn nicht mit lauter Musik ärgern, meinen Eltern schreiben, nicht so viel rauchen und nicht so viel naschen. Ich werde mit meinen Arbeitskollegen nicht schimpfen und nicht über meinen Chef lästern. Ich werde nicht so oft mit dem Auto fahren, mich nicht ständig unter Druck setzen, (mehr) Zeit für meine Freunde haben, Ausstellungen und Konzerte besuchen und mich (mehr) für das Weltgeschehen interessieren.

21 Tempusformen: Futur I

Pläne für die Zukunft

Christian, 27, Student: In 10 Jahren wird Christian als Meeresbiologe arbeiten. Er wird die Unterwasserwelt und Fische untersuchen und darüber Berichte schreiben. Er wird eine Familie gründen. Und er wird hoffentlich genügend Zeit für seine Hobbys haben. Vielleicht wird er weite Reisen in ferne Länder machen.
Katharina, 38, Ärztin: In 10 Jahren wird Katharina irgendwo im Ausland leben. Sie wird vielleicht eine eigene Praxis aufmachen. Und sie wird Verantwortung übernehmen. Katharina wird Hektik vermeiden. Sie wird abends gemütlich ein Buch lesen. Sie wird ausgehen und neue Leute treffen. Und die besten Augenblicke wird sie mit ihrem Partner teilen.
Markus, 61, Unternehmer: In 10 Jahren wird Markus alle Geschäfte und die Firma dem Sohn übergeben. Er wird hoffentlich noch fit und aktiv sein. Und er wird vielleicht nach Frankreich gehen und dort ein kleines Weingut kaufen. Er wird Wein anbauen und zur Weinlese viele Freunde einladen. Abends wird er auf der Terrasse sitzen, Wein trinken, Zigarren rauchen. Und er wird das Leben genießen.

22 Tempusformen: Präteritum

Mit 16 ...

Wolfgang, 61: traf, gingen.
Renate, 43: ging, war, war, begann, kam, sprachen, las, dachte.
Matthias, 38: hörte, machte mit, traf mich, gingen, sahen zu, spielte.
Stefan, 25: beschäftigte, fand, saß, waren, tauschten aus, war.

23 Tempusformen: Präteritum

Generationenprobleme

Andrea, 51: spielte leidenschaftlich gern Fußball; interessierte sich für Autos und Motorräder; träumte von dem Beruf einer Kfz-Mechanikerin.
Andreas Eltern: unterstützten ihre Tochter; waren immer für sie da; setzten sie nicht unter Druck; machten keine Vorschriften; verlangten immer absolute Ehrlichkeit.
Peter, 32: verstand sich eigentlich gut mit den Eltern; besprach Probleme in einem ruhigen Gespräch mit den Eltern; brachte seine Freunde oft nach Hause.
Peters Eltern: hatten nie etwas dagegen; hatten Verständnis für Peters Freundschaften; nahmen Peters Interessen und Hobbys ernst; fanden meist gut, was der Sohn machte.
Wolfgang, 29: war nicht sehr gut in der Schule; erzählte zu Hause nicht viel; verbrachte viel Zeit mit der Clique; kam ziemlich spät nach Hause; bekam später Probleme mit Alkohol.
Wolfgangs Eltern: hielten dem Sohn vor, dass er faul war; machten ständig Vorwürfe.
Verena, 42: war als Kind ruhig und eher ängstlich; blieb lieber allein zu Hause; las; telefonierte mit Freunden.
Verenas Eltern: hatten kein Vertrauen zu ihrer Tochter; regten sich über jede Kleinigkeit auf.

24 Tempusformen: Präteritum

Begegnungen

Michael, 44: bekamen, war, hatte, sprach, gab, diskutierten, gehörten, behandelte, verstand, setzte, gab auf, machte, ausfiel.

25 Adjektiv: Deklination

Lebensansprüche

Als Globetrotter auf einem Segelboot braucht man gutes Wetter, treue Freunde, gute Landkarten, ...
Als Manager/Managerin und Single in einer Penthouse-Wohnung braucht man ein teures Auto, schicke Klamotten, einen kompetenten Berater, ...
Als Handwerker/Handwerkerin in einer Kleinstadt braucht man eine eigene Werkstatt, kreative Ideen, ein großes Auto, ...
Als Rechtsanwalt/Rechtsanwältin in einem großen Haus braucht man einen modernen Computer, ein großes Büro, eine zuverlässige Sekretärin, ...
Als Künstler/Künstlerin in einer alten Fabrik braucht man interes-

sante Ideen, eine moderne Werkstatt, ...
Als Umweltschützer/Umweltschützerin in einer Berghütte braucht man feste Schuhe, einen starken Hund, gute Landkarten, ...

27 Adjektiv: Deklination

Was finden Sie schön?

Ich mag (finde ... schön) große Augen, volle Lippen, einen großen Mund, kleine Ohren, glattes Haar, schmale Hände, eine kleine Nase, lange Beine, weiße Zähne, eine ungeschminkte Haut, ein strahlendes Gesicht, einen langen Hals, eine sportliche Figur, eine tiefe Stimme.

28 Adjektiv: Deklination

Lieblingsfarben

Christa, 74: der blaue Himmel, das blaue Wasser.
Anna, 33: eine kräftige Farbe, rote Sachen, ein rotes Kleid, einen roten Pullover.
Petra, 34: die schwarze Farbe, eine schwarze Hose, ein schwarzer Rock, ein schwarzes Ledersofa, ein schwarzes Bücherregal, schwarze Haare.
Simone, 47: graue Straßen, graue Häuser, grauer Beton, typische Herbstfarben, rote und gelbe Bäume.

29 Adjektiv: Deklination

Partner fürs Leben gesucht

Christian, 38/178: Schlanker, dunkelhaariger, sehr vielseitiger Steinbock mit gutem Einkommen, tollem Haus und schickem Auto, kinderlieber Nichtraucher; Hobbys: Wandern, Fotografieren, Malen, sucht eine hübsche, häusliche, aktive, sportliche Partnerin zwischen 30 und 35.
Sandra, 25/167: Schlanke, dunkelblonde, sportliche, Musik liebende Frau, gute und anpassungsfähige Hausfrau sucht einen kultivierten, seriösen, ungebundenen Partner zwischen 25 und 35. Meine Hobbys: Musik, Reisen, gemütlich zu Hause sein, Familie.
Andreas, 45/181: Unternehmungslustiger gut aussehender Skorpion, Geschäftsführer mit gutem Einkommen sucht eine blonde, treue, ehrliche Sie, zwischen 30 und 40, mit Sinn für Humor und vielseitigen Interessen. Schreib mir mit Foto an ...
Verena, 39/165: Hübsche, schlanke, elegante, niveauvolle, phantasievolle Akademikerin wünscht Begegnung mit kultiviertem, gut situiertem, ungebundenem, seriösem Akademiker (40 bis 50 Jahre). Wenn du ein unternehmungslustiger, einfühlsamer, fröhlicher und weltoffener Er bist und Interesse an Kunst und Architektur hast, schreibe an ...

30 Adjektiv: Deklination

Heimat

Kira, 27: an den typischen Geruch in unserer kleinen Küche, ihren leckeren Käsekuchen.
Daniela, 58: eine kleine Stadt am hohen Rheinufer, eine alte Kirche, ein alter Friedhof, von einem schönen Wald.
Werner, 34: das gemütliche Elternhaus, ein alter Apfelbaum, viele weiße Schiffe, laute Möwen, starker, frischer Wind.
Isabell, 19: lustige und traurige Geschichten, an die schöne Natur, an malerische Landschaften, an bunte Blumenwiesen, an blauen Himmel mit leichten weißen Wolken.
Andreas, 41: ein besonderer Dialekt, die lauten Stimmen von meinen jüngeren Geschwistern, der schöne Kirchglockenklang, ein schönes Bild aus einem alten Kinderbuch, eine schöne Erinnerung an meine sorglose Kindheit.

31 Adjektiv: Deklination

Lebenswert

ein verständnisvoller Partner, viele lachende Kinder, eine schicke Penthouse-Wohnung mit einer fantastischen Aussicht, ein kleines Haus, eine tolle Villa, ein lukrativer Job mit guten Karrieremöglichkeiten, ein teures Auto, ein schönes, weißes Segelboot, ein guter Freund, ein interessantes Buch, eine laute Party, ein neues Computerspiel, ein schöner Traum, ein großer Blumenstrauß.

32 Adjektiv: Graduierung (prädikativ)

Neid

Petra, 16: öfter, besser, fleißiger, länger, später, lieber.
Katrin, 29: besser, mehr, schicker, selbstbewusster, mehr, netter.
Christian, 32: genauer, leichter, besser, schneller, erfolgreicher, lockerer, souveräner, wohler, stärker, selbstbewusster.

33 Adjektiv: Graduierung (prädikativ)

Politiker: Wunsch und Wirklichkeit

menschlicher, besser, lustiger, verständlicher, jünger, offener, stärker, mehr, besser, ehrlicher.

34 Adjektiv: Graduierung (prädikativ)

Englisch statt Deutsch

öfter, praktischer, eleganter, klarer, genauer, kürzer, besser, attraktiver, moderner, jünger, dynamischer, sportlicher, mehr, schicker, leichter, feiner, teurer, lieber.

35 Adjektiv: Graduierung (prädikativ)

Fremd in Deutschland

Laura, 20: tiefer.
Jonathan, 47: enger, kleiner, öfter, schneller, besser, offener.
Anna, 19: öfter, lockerer, offener, interessierter, neugieriger.
Mirko, 36: fleißiger.
Kirill, 43: freundlicher, egoistischer, modischer, disziplinierter, ordentlicher.
Lee, 20: wichtiger, öfter.

36 Adjektiv: Graduierung (prädikativ)

Männersache

Elke, 28: stärker, weiter, langsamer, schöner, mehr, schwächer, zarter, phantasievoller, populärer, besser, besser, voller.
Matthias, 39: härter, leichter, schwächer, mehr.
Peter, 56: früher, weniger, lieber.

37 Adjektiv: Graduierung (attributiv)

Frauen in technischen Berufen

Britta, 54: ein geringeres Selbstwertgefühl, ein geringeres Durchhaltevermögen.

Dagmar, 43: bessere Qualifikationen, eine höhere soziale Kompetenz.
Moritz, 28: einen leichteren Beruf, einen flexibleren Arbeitstag, einen längeren Urlaub, der größere körperliche Einsatz, keinen schlechteren Kopf.
Stefanie, 33: eine höhere Technikkompetenz, eine bessere Kondition, größeres Interesse, billigere Arbeitskräfte.
Markus, 39: früheren Zeiten, ausgeglichenere und stabilere Arbeitskolleginnen.

38 Adjektiv: Graduierung (attributiv)

Die Jugend von heute

Isabell, 18: lockereren Umgang, lässigeres Outfit, höhere Anforderungen, besseren Schutz, größere Sicherheit, in früheren Zeiten, einen härteren Konkurrenzkampf, eine höhere Arbeitslosigkeit, im späteren Leben.
Werner, 51: ein auffälligeres Verhalten, stärkere Depressionen, größere Neigung, von der höheren Kriminalitätsrate, über höhere Zahlen.
Andreas17: bessere Noten, mit meiner früheren Freundin.
Britta, 38: unter stärkerem Druck, aufwendigeres Styling, teurere Klamotten, ein größeres theoretisches Wissen, breitere Kenntnisse.

39 Adjektiv: Graduierung (attributiv)

Die Nummer 1

Manuel, 18: die verrücktesten Ideen, bester Entertainer, der Beste, die schwierigsten Aufgaben, die größte CD-Sammlung.
Esther, 26: der glücklichste Mensch, der netteste Mensch.
Carmen, 24: die buntesten, die besten, die witzigsten.

40 Adjektiv: Graduierung (attributiv)

Ein Land mit vielen Superlativen

Annette, 31: die schönste Stadt, die neu(e)ste Mode, den besten Wein.
Jose, 22: die beste Fußballmannschaft, die leidenschaftlichsten Tänzer, die tollsten Urlaubsorte, die schönsten Tage.
Raoul, 55: die höchsten Berge, der bekannteste und der höchste Berg, die schönsten und berühmtesten Buddhisten-Klöster.
Lucia, 21: die nettesten Menschen, der berühmteste Maler, das bekannteste Gemälde.

41 Infinitiv mit „zu"

Die Suche nach dem Sinn

... ist es wichtig, eine Familie zu gründen, offen und ehrlich die eigene Meinung vertreten zu können, Karriere zu machen, Erfolg im Beruf zu haben, selbst etwas zu tun, um die Umwelt zu schützen, sich für andere Menschen einzusetzen.
... legen Wert darauf, eine hohe Allgemeinbildung zu erreichen, ein vielseitiges und abwechslungsreiches Leben zu führen, viel Geld zu verdienen, kreativ, schöpferisch zu sein, etwas Neues zu schaffen, das Leben zu genießen.

42 Infinitiv mit „zu"

Glück

Glück bedeutet für mich, etwas zu gewinnen; ein vierblättriges Kleeblatt zu finden; sechs Richtige im Lotto zu haben; mit sich selbst zufrieden zu sein; sein zu dürfen, wie ich bin; faul im Bett zu liegen und fernzusehen; viele Freunde um mich zu haben; meine Gefühle frei ausdrücken zu können; alles aussprechen zu können, was mir auf dem Herzen liegt; jeden Tag zu versuchen, andere glücklich zu machen; den Sinn des Lebens zu finden; den Augenblick zu genießen; mir keine Sorgen um die Zukunft machen zu müssen; verliebt zu sein; am Samstag aufzuwachen und mich nicht ins Büro schleppen zu müssen; auf der Wiese zu liegen, Schmetterlinge zu beobachten, das Gras zu riechen, an nichts zu denken; gesund zu sein.

43 Infinitiv mit „zu"

Vorbilder

Matthias; 39: zu sein, zu haben, zu akzeptieren, zu vergöttern.
Philipp, 51: nachzueifern, zu sein, zu entwickeln.
Julia, 19: zu orientieren, zu treffen, zu tun.
Nils, 28: zu gründen, zu verwirklichen, zu üben.
Petra, 17: zu essen, wachsen zu lassen, auszusehen, zu verlieren.

44 Infinitiv mit „zu"

Höflich, üblich oder tabu?

Es ist (nicht) üblich / (un)höflich / tabu, Komplimente zu machen, über Wetter, Politik oder Essen zu schimpfen, nach dem Partner / der Partnerin bzw. nach der Kinderzahl zu fragen, nach der Religionszugehörigkeit zu fragen, nach dem Alter zu fragen, nach dem Einkommen zu fragen, Geld auszuleihen, die Meinung frei zu äußern, Lebensmittel und Alkohol zu verschenken, „laut" zu essen, Gefühle in der Öffentlichkeit zu zeigen, sich in der Öffentlichkeit zu küssen, sich laut zu schnäuzen, laut auf der Straße zu reden, mit dem Partner ohne Augenkontakt zu reden, den Gesprächspartner zu unterbrechen, ein Geschenk zurückzuweisen, die zur Begrüßung ausgestreckte Hand zu übersehen, Unbekannte zum Kaffee einzuladen.

45 Infinitiv mit „zu"

Ein idealer Lehrer

Ein idealer Lehrer versucht, zu den Schülern ein gutes Verhältnis zu schaffen; ist bereit, mit den Schülern über aktuelle Themen zu diskutieren; hat kein Problem, Fehler einzusehen; ist immer fähig, sich durchsetzen; hat Zeit, auf die Probleme der Schüler einzugehen; versucht nicht, die Schüler klein zu machen oder unter Druck zu setzen; gibt sich Mühe, einen guten Unterricht zu machen; erreicht, dass es den Schülern Spaß macht, bei ihm zu lernen; bemüht sich, nicht allzu viel Hausaufgaben aufzugeben; versucht, die Schüler fair zu behandeln; ermuntert die Schüler, Kritik zu üben.

46 Infinitiv mit „zu"

Kontakte knüpfen – ein Problem?

den ersten Schritt zu machen, Menschen anzusprechen, Menschen kennen zu lernen, ein Gesprächsthema zu finden, eine Unterhaltung zu beginnen, die Initiative zu ergreifen, Kontakt aufzunehmen, Freunde zu finden, den richtigen Partner zu finden, Vorurteile zu überwinden, Freundschaften zu schließen, mit Fremden ins Gespräch zu kommen.

47 Modalverben: Präsens

Volljährig mit 18

kann, dürfen, können.
dürfen, können, wollen.
darf, kann, dürfen.
dürfen, dürfen, kann, kann, darf, darf.
kann, darf.

48 Modalverben: Präsens

Führerschein mit 15?

Angelika, 28: soll, kann, muss, muss.
Andreas, 21: kann/soll, können, sollen, kann, kann.
Wolfgang, 46: muss, muss, muss, können.
Silke, 18: muss, kann, kann.

49 Modalverben: Präsens

Erwachsensein

Leonardo, 36: darf, muss, können, kann.
Robert, 14: muss.
Julie, 21: kann, muss.
Aaron, 18: dürfen, möchte, muss, möchte, kann, muss.

50 Modalverben: Präsens

Ist Bücher lesen „out"?

Chris, 21: möchte, kann, können.
Beate, 48: müsst, wollen, müssen, wollen, müssen/sollen.
Birgit, 23: müssen, kann, darf, will, kann.
Veronika, 17: muss, kann, kann, muss, will.
Anna, 41: wollen, wollen, wollen, kann.

51 Modalverben: Präsens

Traumurlaub

Verena, 34: Verena möchte ihren Traumurlaub in den Bergen verbringen. Dort kann sie die Ruhe genießen, frische Luft einatmen und die Natur pur erleben und sie muss nicht viel Wert auf Klamotten legen. Sie muss nicht in einem winzigkleinen Hotelzimmer wohnen. Und sie kann nackt in einem Bergbach baden.
Andreas, 42: Andreas möchte seinen Traumurlaub am Meeresstrand verbringen. Er will einfach mal nichts tun. Andreas will in der Sonne liegen und braun werden. Er kann einen Surfkurs machen, schwimmen und tauchen, flirten. Er muss nicht auf Manieren achten und sich nicht bei Stadtrundfahrten stundenlang im Bus herumquälen.
Petra, 54: Petra möchte ihren Traumurlaub in Singapur oder Rio de Janeiro verbringen. Sie möchte in einem Luxushotel wohnen und will sich nicht über Unannehmlichkeiten in einem billigen Hotel ärgern müssen. Sie will sich verwöhnen lassen, gut essen und trinken. Sie kann viel fotografieren und etwas für die Weiterbildung tun. Und sie muss nicht den ganzen Urlaub am Strand liegen.

52 Modalverben: Präsens

Leben im Ausland

Lucia, 27: möchte, kann, kann, muss, kann.
Gabriel, 51: muss, muss, kann, muss, soll.
Iwona, 47: kann, kann, kann, will.
Soleiman, 36: will, möchte, kann, können.

53 Modalverben: Präteritum

Kindheitsträume

Wolfgang, 55: wollte, wollte, musste, wollten, konnte.
Patricia, 39: wollte, konnte, musste.
Peter, 32: wollte, wollte, wollte, musste, wollte.
Gisela, 44: wollte, wollte, wollten, konnte, wollten, konnte.

54 Präpositionalergänzung (mit modalen Präpositionen)

Interessieren Sie sich für Politik?

Petra, 41: über, um, über, von, für.
Wolfgang, 56: für, an über, über.
Ralf, 31: gegen, für, gegen, gegen, über, über, an, über.

55 Präpositionalergänzung (mit modalen Präpositionen)

Wie viel Clique braucht ein Mensch?

Typ 1: dazu, für, um, auf, von, über, für.
Typ 2: um, danach, auf, an, auf, darüber, von.
Typ 3: unter, auf.

56 Präpositionalergänzung (mit modalen Präpositionen)

Ängste und Sorgen

Kira, 45: vor, mit, über, an.
Felix, 23: für, auf, über, vor.
Martin, 31: vor, zu, über.
Benjamin, 22: über, vor.
Patricia, 25: mit, vor, um.
Julia, 37: vor, an.

57 Präpositionalergänzung (mit modalen Präpositionen)

Wehrdienst oder Zivildienst

In der letzten Zeit diskutiert man viel über den Zivildienst anstelle des Wehrdienstes. Aus Gewissensgründen entscheiden sich immer mehr junge Männer für den Zivildienst. Die meisten Zivildienstleistenden beschäftigen sich mit Alten, Behinderten und Pflegebedürftigen.
Arbeit in Krankenhäusern und Altenheimen, Betreuung von Schwerbehinderten gehören zu den Aufgaben von Zivildienstleistenden. Ein Teil der Zivildienstleistenden sorgt für Obdachlose und sozial Schwache. Viele Politiker halten nicht viel von Zivildienst statt Wehrdienst.

58 Präpositionalergänzung (mit modalen Präpositionen)

Optimisten

Herbert, 63: von.
Elisabeth, 57: auf, über, zu, über, über, über, auf.
Matthias, 29: auf, mit, über.
Anke, 34: über, aus, an, unter.

59 Präpositionalergänzung (mit modalen Präpositionen)

Aus der Geschichte lernen

Martina, 44: zu, vom, an.
Andreas, 33: auf, für, über, um.
Bernd, 27: aus, über, an, unter.
Ulrike, 76: mit, vor.

60 Nebensätze: Konditionalsätze

Reden ist Silber, Schweigen ist Gold?

Sprechen Sie laut und deutlich, wenn Sie gehört werden wollen. Falls Ihnen jemand ins Wort fällt, sagen Sie unmissverständlich: „Lassen Sie mich bitte ausreden." Falls Sie jemand dauernd stört, reden Sie einfach weiter. Geben Sie nicht ohne Kampf auf, wenn Sie mit Ihren Ideen auf Widerstand stoßen. Beginnen Sie einfach von vorn, wenn Ihnen die Argumente ausgehen. Falls Sie zu leise oder zu schnell sprechen, verstehen die anderen nur die Hälfte. Vermeiden Sie die Wörter „vielleicht", „eigentlich", wenn Sie jemanden von der Richtigkeit Ihrer Meinung überzeugen wollen. Falls Sie Ihren Gesprächspartner nicht überzeugen können, bieten Sie einen Kompromiss an. Sehen Sie Ihrem Gegenüber in die Augen, wenn Sie ihn zum Zuhören zwingen möchten. Falls Sie ein Referat vor einer Gruppe halten, stehen Sie gerade und verlieren Sie nicht den Blickkontakt.

61 Nebensätze: Konditionalsätze

Markenmode

Markus: Wenn Menschen ihre Kleidung kaufen, achten sie dabei immer öfter nicht auf Schönheit, sondern auf den Preis und auf den Firmennamen. Wenn man zum Beispiel ein Krokodil auf dem Polo-Hemd entdeckt, weiß jeder: Das ist von Lacoste. Wenn das Hemd von Lacoste oder von Boss ist, hat es bestimmt über 50 Euro gekostet. Wenn man irgendwo eine schicke Jeans sieht, sucht man sofort nach einem Etikett. Wenn da nicht „New Man" oder „Levi's" draufsteht, ist die Hose einfach nicht „in".
Annette: Wenn man sich im Leben nur an Labels und Etiketten orientiert, bleibt einem nicht so viel Zeit für andere Dinge. Wenn man sich keine Boss-Hose leisten kann, wird man automatisch zum Außenseiter und man wird von den anderen nicht akzeptiert.

62 Nebensätze: Konditionalsätze

Selbstständig

Wenn Sie einen geregelten Arbeitstag mit festgelegtem Arbeitsbeginn und -ende anstreben; wenn Sie kein Problem haben, Verantwortung zu übernehmen; wenn Sie bereit sind, ihre Freizeit zu opfern; wenn Sie viele Ideen und Projektpläne haben und sie unbedingt umsetzen wollen; wenn Sie im Notfall auf Urlaub oder eine Party mit Freunden verzichten können; wenn Sie keine Angst haben, selbst für Ihre soziale Absicherung zu sorgen; wenn Sie sich an neue Gegebenheiten leicht anpassen können, dann können Sie sich selbstständig machen.
Wenn Sie in der Arbeit eine vorgegebene Richtung brauchen; wenn ein sozial abgesicherter Job mit festgelegten Arbeitszeiten für Sie wichtig ist; wenn Sie viel Freizeit brauchen; wenn Überstunden nichts für Sie sind; wenn Sie ein starkes Verlangen nach Ordnung und Struktur haben; wenn Sie auf Abende mit Freunden und freie Wochenenden nicht verzichten wollen; wenn Sie nicht bereit sind, für Ihre Arbeit alles zu opfern, dann können Sie sich nicht selbstständig machen.

63 Nebensätze: Konditionalsätze

Lernen auf Distanz

Nur wenn Sie die Zeit gut einteilen können; wenn Sie einen starken Willen haben; wenn Sie gern allein arbeiten; wenn Sie Ordnung und festgelegte Arbeitsabläufe schätzen; wenn Sie selbst Daten und Informationen auswerten können; wenn Sie zu systematischer und ordentlicher Arbeitsweise neigen; wenn Sie gut mit Termindruck zurechtkommen; wenn Sie Aufgaben fristgerecht fertig stellen und abgeben; wenn Sie mit großer Sorgfalt planen und organisieren können, können Sie per Fernunterricht studieren.

64 Nebensätze: Konditionalsätze

Herzklopfen

Martina, 51: Martinas Herz schlägt höher, wenn die Signale „Bitte anschnallen" und „Rauchen einstellen" aufblinken.
Peter, 28: Peter bekommt weiche Knie, wenn er mit der Bergschwebebahn fährt. Er hat ein mulmiges Gefühl, wenn er nach unten sieht. Die Angst hört auf, wenn er am Ziel ankommt.
Brigitte, 46: Brigitte ist nervös, wenn sie zum Arzt geht. Ihr wird heiß und kalt, wenn der Arzt über die Untersuchungsergebnisse berichtet.
Andrea, 24: Andreas Herz schlägt schnell, wenn sie verliebt ist. Ihre Hände zittern, wenn sie ihren Geliebten sieht.
Veronika, 38: Veronika bekommt Angst, wenn ihre Kinder krank werden.
Simone, 44: Simone ist schockiert, deprimiert, wenn sie über Unfälle und Katastrophen in der Zeitung liest oder im Radio hört. Ihr Herz rast, wenn Tote und Verletzte im Fernsehen gezeigt werden.

65 Nebensätze: Kausalsätze

Traumstädte

Lars, 18: Lars mag Berlin, weil er in Berlin geboren ist und weil diese Stadt nicht so spießig wie andere Städte ist. Er mag Berlin, denn man kann hier viel unternehmen, weil das kulturelle Angebot sehr breit ist. Allerdings ärgert er sich manchmal, weil die U-Bahn nachts nicht fährt und weil es oft stinkt.
Christine, 17: Christine kommt aus Karlsruhe, lebt aber seit zwei Jahren in Paris, weil ihre Eltern hier arbeiten. Sie mag diese Stadt, denn es ist eine Weltstadt. Sie mag Paris, weil man hier auf der Straße viele Sprachen hören kann und weil sie hier nie das Gefühl hat, Ausländerin zu sein. Sie lebt gern hier, denn hier ist immer etwas los: eine Theaterpremiere oder ein Festival. Und sie mag die Stadt, weil die Leute hier sich modisch anziehen, oft ausgehen und Rap-Musik hören.
Rowena, 19: Rowena lebt in Bayreuth, möchte aber gern nach London ziehen, weil diese Stadt genau richtig für sie ist. Sie mag London, weil es dort die tollsten Geschäfte und die verrücktesten Märkte gibt und weil in London viele Trends in Sachen Mode und Musik entstehen. Rowena möchte nach London ziehen, denn diese

Stadt ist meistens einen Schritt voraus, weil die Leute dort offen und experimentierfreudig sind.
Andrea, 22: Andrea war schon dreimal in Mailand. Diese Stadt findet sie Spitze, weil Mailand einfach das Zentrum für Mode und Werbung ist und weil Andrea gern mal in der Modebranche arbeiten würde. Sie mag Mailand, denn die Stadt ist zwar manchmal superchaotisch, aber immer noch überschaubar.

66 Nebensätze: Kausalsätze
Single – warum?
..., weil sie eine gescheiterte Beziehung (oder mehrere) hinter sich haben und ihr seelisches Gleichgewicht nicht gefährden wollen; weil sie viel Zeit für sich selbst wollen und sich nicht festlegen wollen; weil sie sich durch die Beziehungen von Eltern oder Freunden abschrecken lassen; weil sie durch ihren Job zu sehr in Anspruch genommen sind und weil ihr Privatleben auf der Strecke bleibt; weil sie im Alleinsein eine Chance sehen, in Ruhe herauszufinden, was sie selbst möchten, und weil sie Singles aus Überzeugung sind; weil sie keine Lust haben, sich dauernd zu arrangieren, und tun und lassen wollen, was ihnen gefällt.

67 Nebensätze: Kausalsätze
Briefe
Andrea, 29: Andrea schreibt keine Briefe, weil sie zu faul ist, weil alles schnell gehen soll, weil man lange überlegen muss und weil man sich richtig Zeit nehmen muss.
Monika, 48: Monika hat das Briefeschreiben aufgegeben, weil sie oft sehr lange auf eine Antwort warten musste und weil sie auf viele Briefe gar keine Antwort bekommen hat.
Patricia, 22: Patricia findet Briefe schreiben öde, weil das einfach viel zu lange dauert, weil man die passenden Worte so schwer findet. Sie schreibt keine Briefe, weil sie lieber zum Telefon greift und weil es beim Telefonieren viel schneller und einfacher geht.
Peter, 61: Peter schreibt gern Briefe, weil ihm das richtig Spaß macht, weil er sich so alle Probleme und Sorgen von der Seele schreiben kann. Er schreibt gern Briefe, weil er in den Briefen seiner Fantasie freien Lauf lassen kann und weil Briefe schreiben sein Hobby ist.

68 Nebensätze: Kausalsätze
Ausstieg aus der Atomenergie: ja oder nein?
Ausstieg aus der Atomenergie ist notwendig, weil der Atommüllberg weiterwächst; weil die atomare Entsorgung nach wie vor ungelöst ist; weil es in der Umgebung von AKWs erhöhte Leukämieraten, besonders bei Kindern, gibt; weil an den Folgen von radioaktiver Verstrahlung bereits viele Menschen gestorben sind; weil viele fruchtbare landwirtschaftliche Gebiete verseucht sind; weil es auch beim „Normalbetrieb" Gesundheitsrisiken für das Personal gibt.
Ausstieg aus der Atomenergie ist wirtschaftlich unrentabel, denn die Versorgung mit Elektrizität ist gefährdet; denn die Ausstiegskosten sind zu groß; denn der Energieverbrauch wird trotz Sparmaßnahmen zunehmen; denn alternative Energien, wie Sonnenenergie, Windenergie, Wasserenergie usw. können den Energiebedarf nicht abdecken; denn die Atomenergie schafft Arbeitsplätze; denn neue Atomkraftwerke sind technisch viel sicherer.

69 Nebensätze: Kausalsätze
Geben ist seliger als Nehmen
Agnes, 64: Agnes leitet ein Gemeindecafé, weil sie als Mutter von vier Kindern Erfahrung im Organisieren hat; weil die Arbeit ihr viel Freude, viel Spaß macht; weil der Kontakt mit den vielen Menschen sie vital und jung hält; weil die ehrenamtliche Tätigkeit sich positiv auf das eigene Leben auswirkt.
Holger, 42: Holger engagiert sich ehrenamtlich beim Roten Kreuz, weil er anderen Menschen helfen will; weil er sein Fachwissen einbringen kann; weil er seine Kenntnisse erweitern kann und weil das Ehrenamt ihm auch beruflich nutzt.
Anna, 28: Anna engagiert sich ehrenamtlich bei der Betreuung von HIV-Infizierten, weil sie für ihre Tätigkeit Anerkennung findet; weil sie Lebenserfahrung gewinnen kann; weil sie Eigenverantwortung übernehmen kann und weil die Arbeit ihr Selbstwertgefühl stärkt.

70 Nebensätze: Kausalsätze
Wohngemeinschaften
Ich möchte in einer WG wohnen, weil es an guten und billigen Wohnungen mangelt; weil man jemanden zum Reden hat; weil man neue Freunde bekommt; weil man sich nie langweilt und weil in einer WG immer etwas los ist.
Wohnen in einer WG ist nichts für mich, weil das Zusammenleben mit anderen Menschen viel Toleranz und Disziplin erfordert; weil man in einer WG nie Ruhe hat; weil alle Mitbewohner auf die anderen Rücksicht nehmen müssen; weil man sich strikt an den Putzplan halten muss; weil man sich immer nach seinen Mitbewohnern richten muss und weil die meisten Menschen ihr Privatleben für sich behalten wollen.

71 Nebensätze: Kausalsätze
Soldatinnen
Melanie, 20: Melanie ist Soldatin geworden, weil ein klassischer Frauenberuf für sie nicht in Frage kommt; weil sie schon als Kind neugierig auf die Bundeswehr war; weil sie Verwandte und Bekannte bei der Bundeswehr hat.
Brigitte, 19: Brigitte hat sich zur Bundeswehr gemeldet, weil die Bundeswehr viele Möglichkeiten bietet; weil sie typische Frauenberufe langweilig findet.
Monika, 19: Monika ist Soldatin geworden, weil eine Freundin von ihr zur Bundeswehr gegangen ist; weil sie die tägliche Abwechslung im Dienst mag; weil sie viel Wert auf gute Kameradschaft legt und weil der Wehrdienst durch starken Teamgeist geprägt ist.
Anke, 23: Anke hat sich zur Bundeswehr gemeldet, weil die Bundeswehr einen sicheren Arbeitsplatz bietet; weil es gute Karrieremöglichkeiten gibt.

72 Nebensätze: Kausalsätze/Konzessivsätze
Bodybuilding
Viele Menschen machen Bodybuilding, weil Bodybuilding fit und kräftig macht; weil es als schick gilt, einen trainierten Körper zu

haben; weil man selbstbewusster wird; weil man attraktiver aussieht; weil man seinen Körper selbst „gestalten", formen kann; weil man von anderen bewundert wird; weil viele mit ihrer Figur angeben wollen; weil das das Selbstgefühl stärkt; weil man im Fitnesscenter Kontakte knüpfen kann.
Millionen Menschen trainieren in Sportstudios, obwohl zu viele oder zu starke Muskeln manchmal nicht ästhetisch aussehen; obwohl andere Interessen zu kurz kommen; obwohl Bodybuilding manchmal die Gesundheit gefährdet; obwohl zu viele Muskeln beim Schwimmen, Laufen, Fahrradfahren usw. stören.

73 Nebensätze: Kausalsätze/Konzessivsätze

Landidyll

Annika, 26: Annika wohnt gern auf dem Land, weil sie zufrieden und ausgeglichen ist und weil man sich weniger Gedanken über Klamotten und Aussehen macht.
Bernd, 44: Bernd mag das Leben auf dem Land, obwohl da nicht viel los ist; obwohl man zum nächsten Ort mit dem Auto oft eine halbe Stunde braucht und obwohl man sich ständig beobachtet fühlt; obwohl das Leben manchmal eintönig ist und es wenig Abwechslung gibt.
Christine, 35: Christine ist froh, dass sie vor 5 Jahren aufs Land gezogen ist, obwohl es kaum Einkaufsmöglichkeiten gibt. Sie wohnt gern auf dem Land, weil man die Kinder zu Fuß gehen lassen kann, weil die Natur zum alltäglichen Leben gehört und weil man keine Schallschutzfenster braucht.
Robert, 56: Robert bekommt richtige Sehnsucht nach dem Dorfleben, wenn er geschäftlich in eine Großstadt kommt, weil man in der Stadt das Gefühl von Geborgenheit vermisst; weil auf dem Land alles überschaubar und persönlich ist; weil man auf dem Land immer freundlich bedient wird; weil man auf Festen viele Bekannte und Freunde trifft.

74 Nebensätze: Konzessivsätze

Kunst als Beruf

Viele wollen als Künstler arbeiten, obwohl Künstlerberufe oft mit Schwierigkeiten und Entbehrungen verbunden sind. Vor allem junge Leute möchten als Künstler erfolgreich werden, obwohl Künstler oft keinen geregelten Arbeitstag haben. Viele können von ihrer Kunst nicht leben, obwohl sie die Kunsthochschule mit Auszeichnung abschließen. Viele Künstler möchten mit keinem gut verdienenden Geschäftsmann tauschen, obwohl sie oft auf Urlaub, Freunde und Familie verzichten müssen.
Viele träumen von diesem Beruf, obwohl der Berufsalltag von Schauspielern aus Proben und Abendaufführungen besteht. Oft bringen junge Künstler vollen Einsatz, obwohl sie gerade mal so viel wie eine Verkäuferin verdienen.

75 Nebensätze: Relativsätze

Außenseiter

Außenseiter sind Menschen/diejenigen, die oft fremd und ungewöhnlich wirken; die sich nicht nach den anderen richten wollen; die nicht den Normen entsprechen; die nicht versuchen sich anzupassen; die in der Regel sehr eigensinnig sind; die Akzeptanz, Verständnis und Liebe vermissen; die ihr Anderssein in der Regel als Last empfinden; die auffallen; die schwer Freunde finden; die oft allein sind.

76 Nebensätze: Relativsätze

Fußballfans

die, die, die, die, der, die, der, die, die, die.

77 Nebensätze: Relativsätze

Ein idealer Partner

Kerstin, 43: Ein idealer Partner für Kerstin ist jemand, der sozial engagiert und sehr intelligent ist, Sinn für Humor hat und den sie über alles liebt.
Andreas, 23: Als ideale Partnerin gilt für Andreas eine Frau, die immer ein offenes Ohr für seine Probleme hat, die dieselben Interessen hat, dieselbe Musik mag und gern Sport macht.
Brigitte, 33: Ein idealer Partner für Brigitte ist jemand, der sie respektiert, der zärtlich und liebevoll ist, der immer pünktlich ist und der Tag und Nacht an sie denkt und der Geld und ein schickes Auto hat.
Tim, 29: Als ideale Partnerin gilt für Tim eine Frau, die politisch interessiert ist, die sich nicht nur für Klamotten interessiert und auf die er sich verlassen kann. Es ist eine Frau, die sparsam ist und nicht viel Wert auf Komfort legt.
Annette, 47: Annette sucht einen Partner, der zuverlässig ist und in allen Situationen zu ihr steht, der musikalisch ist oder ein anderes kreatives Hobby hat. Sie möchte keinen Partner, der nachtragend ist, sondern einen, der über kleine Fehler bei anderen hinwegsehen kann.

78 Nebensätze: Relativsätze

Das intelligente Haus

in der, das, in dem, der, der, die, die, die, die, das, die, die, den.

79 Nebensätze: Relativsätze

Fernsehen

Christoph, 40: die, denen, die, denen, das.
Dagmar, 53: die, die, denen.
Bernd, 72: denen, denen, die, das.
Andreas, 21: der, die.
Daniel, 37: die, die.

80 Nebensätze: Relativsätze

Weihnachten: Familientreffen oder Party?

Helga, 34: an dem, die.
Christian, 18: das, in dem, zu der.
Elisabeth, 68: den, auf das.
Ralf, 24: das, auf die.
Bettina, 43: an denen, auf die.

81 Nebensätze: Relativsätze

Ein multikulturelles Land – was ist das?

Ann-Mari, 59: in dem / wo, die
Monika, 36: das, in dem / wo, in dem / wo
Christian, 29: die, die, in dem / wo

Aziza, 25: die, die, in denen / wo, in dem / wo
Alexander, 33: die, die

82 Nebensätze: Relativsätze

Freunde

Freunde sind Menschen/diejenigen, die uns zuhören, wenn wir ein Problem haben; die uns antworten, wenn wir Fragen haben; mit denen wir über alles reden können; denen wir unsere Geheimnisse anvertrauen können, die uns ehrlich ihre Meinung sagen; die uns nie zeigen, dass sie schlechte Laune haben; mit denen wir alles teilen können; die wir lange und gut kennen; auf die wir uns immer freuen, wenn sie kommen; zu denen wir kommen können, wann wir wollen

83 Nebensätze: Temporalsätze mit „wenn" und „als"

Marotten

Herbert, 47: wenn, wenn, wenn, als.
Silvia, 26: wenn, als, wenn.
Margot, 64: wenn, wenn.

84 Nebensätze: Temporalsätze mit „während"

Eine Frau als Chef

Während Frauen oft kooperativ und integrativ sind, halten Männer sich oft für den Nabel der Welt. Während Frauen sich oft defensiv verhalten, haben Männer mehr Risikobereitschaft. Während Frauen an sich selbst zu hohe Erwartungen stellen, finden Männer sich selbst oft unwiderstehlich. Während Frauen manchmal zu sensibel, zu respektvoll sind, sind Männer meistens zäh, souverän, selbstsicher. Während Frauen oft nicht den Mut haben, ins kalte Wasser zu springen, haben Männer häufig mehr Selbstvertrauen. Während Frauen in der Regel viel Wert auf ein gutes Arbeitsklima legen, lehnen Männer Gefühle oft ab. Während Frauen eher bereit sind, die Macht zu teilen, wollen Männer in der Regel allein entscheiden. Während Frauen in der Regel mehr Diplomatie und Geduld an den Tag legen, legen Männer weniger Wert auf Konfliktmanagement.

85 Nebensätze: Finalsätze mit „damit" oder Infinitiv-Gruppe „um ... zu"

Märchen

Petra, 37: Petra liest ihrer Tochter Märchen vor, damit die Kleine die schöne und geheimnisvolle Märchenwelt kennen lernt, damit Märchen ihre Phantasie und Kreativität fördern.
Brigitte, 62: Brigitte liest Märchen, um sich zu entspannen, um den alltäglichen Sorgen und Problemen zu entfliehen.
Andreas, 42: Andreas meint, man liest Kindern Märchen vor, damit sie ruhiger und besser schlafen. Er selbst liest Science-Fiction-Romane, um sich die Welt in 100 Jahren vorzustellen.

86 Nebensätze: Finalsätze mit „damit" oder Infinitiv-Gruppe „um ... zu"

Extremsport: Faszination - Erlebnis - Sucht

Immer mehr Menschen machen Extremsport, um aus dem Alltag auszubrechen, um mit der Gefahr zu flirten, um Freiheit zu spüren, um ein Abenteuer zu erleben, um das Bedürfnis nach Extremen zu befriedigen, um sich selbst pur zu erleben, um eins mit der Natur zu sein, um dabei einen gewissen Nervenkitzel zu spüren, um cool zu sein und mit der Mode Schritt zu halten.
Jedes Jahr werden neue Extremsportarten erfunden, damit die Menschen die Begegnung mit der Natur oder die extreme körperliche Anstrengung erleben, damit sie die Verantwortung für das eigene Überleben übernehmen, damit sie den „Kick" spüren, damit sie eine persönliche Herausforderung erleben.

87 Nebensätze: Finalsätze mit „damit" oder Infinitiv-Gruppe „um ... zu"

Menschen und Haustiere

Viele Menschen schaffen sich Haustiere an, um regelmäßig spazieren zu gehen; um Routine und Pflichten von Entspannung und Freizeit abzugrenzen; um im Alltagstrubel individuelle Freiräume zu schaffen; um ruhiger und ausgeglichener zu werden; um bewusster zu leben und besser für sich selbst zu sorgen; um sozusagen einen Ersatz für eigene Kinder zu bekommen; um jemanden zu haben, mit dem man reden kann; um andere Menschen kennen zu lernen, neue Kontakte zu knüpfen, um sich mehr zu bewegen; um im Umgang mit Tieren Stress abzubauen.
Einige kaufen sich zum Beispiel einen Hund, damit sie sich nicht so einsam fühlen; damit die Kinder einen Spielkameraden bekommen; damit die Kinder lernen, Verantwortung für andere zu übernehmen; damit die Kinder keine Angst haben, wenn sie abends allein zu Hause bleiben müssen.

88 Nebensätze

Vegetarisch essen?

Ich esse eine Currywurst oder einen Hamburger zwischendurch, wenn ich unterwegs bin. Viele Menschen bevorzugen Fertiggerichte wie Gyros, Frikadellen oder Schnitzel, da ihnen das Gemüseschneiden zu aufwendig ist. Die Menschen sollten ihren Fleischkonsum reduzieren, damit der Fleischkonsum nicht zu Umweltproblemen beiträgt. Ich war überrascht, als ich zum ersten Mal eine vegetarische Pizza gegessen habe. Sie hat sehr gut geschmeckt. Mein Freund hat kein Fleisch mehr gegessen, nachdem er einen Film über Tiertransporte gesehen hat. Das vegetarische Essen schmeckt nicht so fade und langweilig, wie manche Leute vielleicht denken. Ich vermeide Fleischprodukte aus Angst vor BSE, obwohl ich Fleisch gern mag. Immer mehr Menschen ernähren sich vegetarisch, weil das vegetarische Essen heutzutage im Trend liegt.

89 Nebensätze

Mode

Silvia, 28: weil, wenn.
Andreas, 31: das, wenn, falls.
Veronika, 25: obwohl, weil.
Matthias, 23: während, weil, während.
Nicole, 37: weil, dass, bis, bis.
Brigitte, 17: seit, obwohl.

90 Vorgangspassiv: Präsens

Jugendliche und Computer

Per Computer werden von den Jugendlichen Freundschaften geschlossen. Es wird im Internet gesurft, Lebenserfahrungen werden (von jungen Leuten) gesammelt. Nachrichten und Meinungen werden von Jugendlichen ausgetauscht. Wissenschaftliche und wirtschaftliche Informationen werden im Computer gespeichert. Informationen werden den Jugendlichen auf der ganzen Welt zur Verfügung gestellt. Material für Referate wird von Schülern und Studenten im Internet zusammengesucht. Durch das Internet wird das Ausdrucksvermögen der Jugendlichen geschult. Per Computer werden Informationen klarer und verständlicher vermittelt. Per Computer wird der Schulunterricht interessanter gestaltet. Es wird vor allem den Kindern geholfen, die optisch lernen. Das Lernen wird zeit- und ortsunabhängig gemacht. Durch die Vernetzung wird die moderne Bildung rationalisiert und koordiniert. Für alle werden die gleichen Startchancen geschaffen. Zu allen wichtigen Wissenschaftsbereichen wird Zugang geschaffen. Der Umgang mit Altersgenossen wird von vielen Jugendlichen verlernt.

91 Vorgangspassiv: Präsens

Tourismus zerstört Natur

Die schönsten Landschaften werden mit Straßen und Flugplätzen zugepflastert. Den Touristen zuliebe werden Küsten mit Hotels zugebaut. Luftverschmutzung wird zur Hälfte durch den Urlaubsverkehr verursacht. Die ursprünglichen Lebensräume von vielen Tieren werden zerstört. Wasser und Energie werden vergeudet. Die Zerstörung von Pflanzen und das Waldsterben werden durch gigantische Touristenströme verursacht. Der Flugverkehr für Urlaubszwecke wird verdoppelt. Das Klima wird durch den erhöhten Flugverkehr belastet. Traditionelle soziale Strukturen werden durch Tourismusentwicklung zerstört. Trinkwasser-reserven werden durch Verschmutzung von Flüssen und Seen gefährdet. Jährlich werden neue Seilbahnen und Lifte gebaut. Gletschergebiete werden für den Wintersport benutzt. Immer neue Pisten werden für den Wintersport freigegeben. Die Lawinen- und Erdrutschgefahr wird durch Bodenerosion erhöht.

92 Vorgangspassiv: Präsens

Gewalt im Fernsehen

Im Fernsehen werden zu oft Bilder von Toten, Verletzten, Wunden und Blut gezeigt.
Durch Szenen mit realer Gewalt werden bei jungen Zuschauern heftige Emotionen provoziert.
Durch besonders „blutige" Szenen wird Angst ausgelöst. Einige Bilder werden von Kindern selbst als ekelhaft bezeichnet. Viele Szenen werden von Jugendlichen als bedrohlich eingeschätzt. Krimis und Horrorfilme werden von manchen jungen Zuschauern mit einer gewissen Angst-Lust und Spannung gesehen. Oft wird der Umgang mit Fernsehinformationen vom Elternhaus bestimmt. Die Welt wird vom Fernsehen oft als Sensation und Spektakel gezeigt. Vom Fernsehen wird ein verzerrtes Bild der Wirklichkeit geschaffen. Durch die grausame Wirklichkeit im Fernsehen werden Kinder und Jugendliche abgeschreckt.

93 Vorgangspassiv: Präsens

Tierversuche

Es ist leider notwendig / Es ist unmoralisch, dass durch Tierversuche neue Medikamente entwickelt werden; dass neue Stoffe an verschiedenen Tieren erprobt werden; dass Infektionskrankheiten durch Tierversuche bekämpft werden; dass neue Operationsmethoden erprobt werden; dass nach tierversuchsfreien Methoden gesucht wird.

94 Vorgangspassiv mit Modalverb: Präsens

Umweltschutz

Das Licht soll ausgeschaltet werden, wenn man für längere Zeit das Zimmer verlässt. Zum Mundausspülen soll beim Zähneputzen ein Becher genommen werden. Picknick darf nur an speziell markierten Orten gemacht werden. Nach dem Picknick dürfen keine Abfälle zurückgelassen werden. Pelzmäntel sollen möglichst nicht getragen werden. Pflanzen dürfen im Wald nicht gepflückt werden. Baumzweige dürfen nicht abgebrochen werden.
Wasser und Energie sollen gespart werden. Getränke sollen nicht in Dosen, sondern nur in Mehrwegflaschen gekauft werden. Umwelthefte und recyceltes Papier sollen benutzt werden.
Zum Einkaufen sollen Stofftaschen und keine Plastiktüten genommen werden. Es soll weniger Auto gefahren werden. Das Haus kann mit Sonnen- oder Windenergie beheizt werden. Nachbarn und Familienmitglieder sollen aufgeklärt werden. Den Jüngeren soll ein gutes Beispiel gegeben werden.

95 Vorgangspassiv mit Modalverb: Präsens

Genforschung und Gentechnik

Die Genforschung trägt dazu bei, dass Krankheiten frühzeitig erkannt werden können; dass viele Krankheiten, wie Krebs bekämpft, geheilt werden können; dass Erbkrankheiten ausgerottet werden können; dass „Ersatzteile" für den menschlichen Körper aus dem eigenen Gewebe produziert werden können; dass Medikamente zielgerichteter eingesetzt und abgestimmt werden können; dass neue Präparate geschaffen werden können; dass neue Therapieformen entwickelt werden können.
Die Genforschung führt dazu, dass das Gleichgewicht in der Natur zerstört werden kann; dass neue Tiere und Pflanzen mit unbekannten Eigenschaften gezüchtet werden können und die Kontrolle über sie verloren werden kann; dass der menschliche Körper manipuliert werden kann; dass der Mensch „verbessert" werden kann; dass genetisch benachteiligte Menschen diskriminiert werden können; dass „Wunschkinder" nach Geschlecht, Größe, Haar- und Augenfarbe „selbst kreiert" werden können; dass Intelligenz, Musikalität, mathematische Begabung verändert werden können; dass behinderte Kinder abgetrieben werden können; dass Monstertiere und künstliche Menschen geschaffen werden können.

96 Vorgangpassiv mit Modalverb: Präsens

Hooligans – Fans oder Schläger?

Von den Fanclubs können Zeitschriften herausgegeben werden. Die Fans sollen gegen Rassismus und Gewalt in den Stadien aufgerufen werden. Die Aggressivität unter jungen Fans soll abgebaut

werden. Die Fans sollen von den Fanclubs sozialpädagogisch betreut werden.
Von den Vereinen kann gemeinsames Training mit den Fans organisiert werden. Engere Zusammenarbeit zwischen den Fußballvereinen und den Fans muss gefördert werden.
Alkohol soll im Stadion streng verboten werden. Die Tribünen sollen mit Gittern vom Spielfeld abgegrenzt werden.
Die Fans müssen von der Polizei vom Bahnhof bis ins Stadion begleitet werden. Gewalttätige Fans sollen festgenommen werden. Die Stadionregeln sollen von den Fans beachtet werden. Mützen und Schals in den Vereinsfarben dürfen getragen werden. Die Spieler dürfen beim Spiel unterstützt und angefeuert werden.

97 Vorgangspassiv: Perfekt

Kampfhunde

Ein einjähriger Junge ist von einem Staffordshire-Mischling mehrfach ins Gesicht gebissen worden. Ein fünfjähriger Junge ist von einem angeleinten Kampfhund mit mehreren Bissen schwer verletzt worden.
Spielende Kinder sind durch einen Pitbull-Mischling angegriffen worden. Eine Unterschriftenliste ist von 200 Bürgern unterzeichnet worden. Mehrere Verstöße gegen die Maulkorb- und Leinenpflicht sind von besorgten Bürgern gemeldet worden. Zwei Polizisten sind durch Hunde bedroht worden. In der letzten Zeit sind viele Kampfhunde von den Hundebesitzern abgegeben worden. Tierheime und Tierschutzvereine sind mit diesem Problem allein gelassen worden. Von Kommunen sind keine zusätzlichen Mittel für die Finanzierung bereitgestellt worden.

98 Vorgangspassiv: Präteritum

Technik und Ethik

Durch die moderne Technik wurden viele Menschen von schwerer körperlicher Arbeit befreit. Der Lebensstandard der Menschen wurde erhöht. Neue Reise- und Bildungsmöglichkeiten wurden geschaffen. Durch die moderne Technik wurden viele Arbeitsplätze wegrationalisiert. In manchen Gebieten wurde radioaktive Verseuchung verursacht. Die Menschheit wurde mit vielen ethischen Problemen konfrontiert. Viele Menschen wurden getötet. Die Menschen wurden durch den technischen Fortschritt stärker unter Druck gesetzt.

99 Vorgangspassiv: Präsens, Präteritum, Perfekt

Graffiti: Kunst oder Sachbeschädigung?

Die Reinigung von Hauswänden und Zügen wird meistens von den Gemeinden bezahlt. Mit dieser „Kunst" wird jährlich ein Millionenschaden angerichtet. 88 Euro werden für fünf Liter „Graffiti-Killer" gezahlt. Oft wird der „Killer" mehrmals aufgetragen. Nur wenige Sprayer werden von der Polizei erwischt. Bisher sind nur einzelne Sprayer auf frischer Tat ertappt worden. Allein in diesem Jahr wurden von der Bahnpolizei mehrere Einsätze durchgeführt. In manchen Bundesländern wurde von der Polizei ein Kopfgeld auf Sprayer angesetzt. Auf diese Weise sind die Täter von den Behörden festgestellt worden. Doch durch das Kopfgeld wurde der Nervenkitzel für die Jugendlichen nur noch erhöht. Deshalb wird von der Polizei eher auf Verständigung mit Sprayern gesetzt. Auch von Schule und Elternhaus wird an Vernunft und Gewissen der Jugendlichen appelliert.

100 Konjunktiv II: Gegenwart

Leben ohne Auto

Silvia, 40: Ohne Auto könnte Silvia ihre Tochter nicht vom Kindergarten abholen und ihre individuelle Mobilität wäre eingeschränkt.
Oliver, 33: Ohne Auto würde Olivers Beziehung in die Brüche gehen. Er könnte im Urlaub nicht mehr mit dem Auto reisen. Er müsste öfter mit dem Flugzeug fliegen, das wäre auch nicht gut für die Umwelt. Er wäre in vielen Situationen auf andere Leute angewiesen. Und er würde seine Unabhängigkeit und Souveränität verlieren.
Peter, 37: Peter könnte ohne Auto viel Geld sparen. Er würde oft zu Fuß gehen und oft Rad fahren. Ohne Auto hätte er keine Parkprobleme. Er wäre fitter, gesünder.
Natalie, 25: Natalie würde sich ohne Auto mehr bewegen. Sie würde viele neue Leute treffen. Und so würde sie zum Umweltschutz beitragen.

101 Konjunktiv II: Gegenwart

Wenn ich Politiker wäre ...

Konrad, 38: würde, sollte, würde, könnte.
Ruth, 24: würde, sollte, müsste, wäre.
Ira, 27: würde, sollte, würde, wäre.
Oliver, 24: sollte, wäre, sollte.
Marco, 21: würde, sollte, wäre, könnte, wäre.

102 Konjunktiv II: Gegenwart

Arbeitslosigkeit – was tun?

Ralf, 56: sollte, bekämen, läge, könnte, müssten.
Birgit, 34: sollte, ginge, hätte, bekäme, fänden.
Agnes, 44: aussähe, bliebe, müsste, wäre, wäre, dürfte.

103 Konjunktiv II: Gegenwart

Drei Wünsche

Martina, 50: Wenn Martina drei Wünsche frei hätte, wäre sie Schriftstellerin und schriebe Bestseller und bekäme Ruhm und Anerkennung. Und sie würde Partys geben und prominente Gäste einladen.
Andrea, 33: Wenn Andrea drei Wünsche frei hätte, fände sie einen neuen Job und bliebe mit ihrem Freund für immer zusammen. Sie ginge für ein Jahr auf Weltreise und träfe viele interessante Leute.
Bernd, 49: Wenn Bernd drei Wünsche frei hätte, würde er morgens nie mehr früh aufstehen. Er bekäme das Frühstück ans Bett und ließe sich von seiner Frau verwöhnen.
Anna, 36: Wenn Anna drei Wünsche frei hätte, würde sie in Südfrankreich ein Haus nach eigenen Plänen bauen. Sie hätte eine schöne Aussicht, würde nur Wiesen und Berge um sich herum sehen. Sie bekäme ein Kind und hätte genügend Zeit für Familie und Hobbys.
Petra, 19: Wenn Petra drei Wünsche frei hätte, würde sie sich immer gut mit ihren Eltern verstehen, sie hätten keinen Streit mehr. Sie würde immer gesund sein und würde ein einfaches und ruhiges Leben führen.

104 Konjunktiv II: Gegenwart, Vergangenheit

Wenn der Fernseher kaputt wäre ...

Patrick, 34: würde bedeuten, würde anrufen, ginge.
Claudia, 68: wäre, ließe, wäre gewesen, hätte eingeladen, wäre gegangen.
Birgit, 32: wäre, hätte gefunden, hätte geschrieben, gefiele.

105 Konjunktiv II: Gegenwart, Vergangenheit

Eine Welt ohne Lügen

Christiane, 27: gesagt hätte, hätte sich aufgeregt, hätte gestritten, hätte gebracht, wäre, gäbe.
Brigitte, 41: sagen würde, ließe, wäre, würde fühlen, könnte versuchen, würde sagen.
Erika, 44: wäre, könnte entspannen, müsste lügen, wüsste.